U0298837

新时代
〈管理〉
新思维

# 七步法

# 人才管理创新

吕秋彤　曹　水——著

清華大学出版社
北　京

**图书在版编目（CIP）数据**

人才管理创新七步法 / 吕秋彤，曹水著 . —北京：清华大学出版社，2024.5
（新时代·管理新思维）
ISBN 978-7-302-66179-5

Ⅰ.①人… Ⅱ.①吕… ②曹… Ⅲ.①人才管理 Ⅳ.① C962

中国国家版本馆 CIP 数据核字 (2024) 第 086431 号

责任编辑：左玉冰
装帧设计：方加青
责任校对：王荣静
责任印制：刘海龙

出版发行：清华大学出版社
　　　　网　　　址：https://www.tup.com.cn，https://www.wqxuetang.com
　　　　地　　　址：北京清华大学学研大厦 A 座　　　　邮　　编：100084
　　　　社 总 机：010-83470000　　　　　　　　　　邮　　购：010-62786544
　　　　投稿与读者服务：010-62776969，c-service@tup.tsinghua.edu.cn
　　　　质 量 反 馈：010-62772015，zhiliang@tup.tsinghua.edu.cn
印 装 者：大厂回族自治县彩虹印刷有限公司
经　　销：全国新华书店
开　　本：170mm×240mm　　　印　　张：12.5　　　字　　数：166 千字
版　　次：2024 年 6 月第 1 版　　　印　　次：2024 年 6 月第 1 次印刷
定　　价：88.00 元

产品编号：105549-01

# 关于本书

言创新必称熊彼特[①]。自他在《经济发展理论》一书中首次提出影响深远的创新理论之后，"创新"就成为管理世界的第一议题。管理创新的内容是极其广泛的。理念创新、战略创新、结构创新、流程创新、制度创新、文化创新等，只要能够创造一种更有效的资源整合方式以达到新的价值创造目标，就能称为管理创新。

党的二十大报告提出，必须坚持"创新是第一动力、人才是第一资源"。人才管理创新是管理创新的核心内容。独行疾，众行远。教会一个人创新不如激励一群人创新。当企业的各级管理者以创新思维与创新机制，有效地激发、助推并奖励员工的创新行为，即"创新地管理创新型人才"，就会加速创新。可以想象，如果带队伍、定制度的人缺少创新意愿和能力，企业的创新从何而来。因此，很多企业都在坚持推动人才管理创新工作，将企业创新的目标转化为管理创新的责任，希望各级管理者能够开阔思考，大胆尝试，并落实到具体管理工作之中。此时，人才管理创新不只是人力资源部门的责任，在哪些方面需要创新、怎样有效创新、怎样激励创新等，是摆在每一位管理者面前的难题。

本书旨在回应实践中对人才管理创新的焦虑与执着。从人才管理视角回答三个问题：什么是管理创新、怎样修炼创新能力以及如何借鉴创新经验。本书共 10 章，将系统介绍人才管理创新七步法的思维塑造、方法流程和应用实例，打造一套科学完备的创新能力修炼体系。

---

① 约瑟夫·熊彼特，美籍奥地利政治经济学家，"创新理论"和"商业史研究"的奠基人。他提出了著名的"五大创新方式"，认为企业的本质是创新，具有创新意义的企业家才能成为真正的企业家。

- **第 1 ～ 2 章：重塑人才管理创新的思维方式。**第 1 章从科研创新谈起，解读管理创新必备的七大思维，又从管理创新的思维中提取对人才管理创新的十项建议。第 2 章将管理创新划分为三个层次，无论是行动创新、认知创新还是技术创新，总有一类管理创新是适合你且做得到的。

- **第 3 ～ 9 章：分享人才管理创新七步法。**在重塑创新思维、定位创新层次的基础上，介绍做准备、提问题、做研究、学理论、找案例、做调查、推改善等环环相扣的 7 步流程、18 个步骤以及 60 余个实践案例，为读者指明路径，促进轻松上手、说干就干。

- **第 10 章：介绍人才管理创新七步法的实践运用。**定标准、促活力、提效率是人才管理的三个关键。第十章分享了三家企业应用七步法的实例，它们就像人才管理创新的三级"加速器"一样，将为更多企业提供实操借鉴。

本书有三点值得大家关注：

- **一是操作性强。**本书带有一定的"科学味儿"和"技术范儿"，按"步"就班即可围绕实际问题展开创新工作，在字里行间仿佛给读者"科学家"和"项目经理"的代入感。同时，大家并不需要担心创新思维和方法需要一个相对漫长而艰难的修炼之路，因为本书的目的就是帮助大家了解"怎么做"（即在自主创新能力上突破），并在此基础上分解"谁来做"（即在创新管理能力上突破）。

- **二是借鉴性强。**本书在以思维和方法诠释人才管理创新七步法时，尤为突出经验，本书分享案例 60 余个，因为"创新"不等于"首创"或"弃旧"。贯穿七步法每一步的创新案例，都为我们提供了实践捷径。这些案例不仅发挥了开阔视野的作用，告诉我们"哪里可行"，而且还做出了宝贵的负面提示，预警"此路不通"。

- **三是延展性强。**本书不只是人才管理创新的方法论，而是以人才管理视角和活动来诠释的管理创新方法论。如果我们将更多的管理经验与方法完善进来，就能成为全面的管理创新七步法，促进更广泛地实践运用。因而，本书在行文中并没有严格区分"人才管理创新"和"管理创新"的概念差异，两者在方法论上是高度一致的。

作为一名资深 HR 从业者，本书作者在长期工作中体会到了管理创新带来的"增值"。伴随经验与方法的持续积累，特别当作者发现线上线下关于人才管理创新的操作性讨论存在空白时，便形成了这本有关"如何做"的行动指南。希望能够为初学者提供入门引导，为进阶者提供范例参考。此外，作者也懂"创新困境"。大多数管理者对创新的态度比较复杂——创新容易流于形式、创新有风险、创新有阻力……大家对创新思维与方法到底持有驾驭还是疏离的态度，作者并没有信心。但是，本书坚信人才管理创新是"正确的事"，它标志着人才管理责任、管理能力的升级，代表着管理科学的价值趋势。任何正确的事情，都值得做到最好。希望本书能以系统清晰的方法和生动可行的案例，转动人才管理创新的"飞轮"。

作为一本管理创新指导手册，本书面向企业高管、各级管理者、团队负责人、HR、项目经理等承担管人理事职责、追求管理升级的职场人士，提供一整套人才管理创新方案。关注个体成长和职业发展的读者，也可以从中获得启发并储备能力。通过一本书的时间，让更多人学会如何实现管理创新，激活自身、团队和组织的创新活力与效率，本书的使命就在于此。希望真正为各级管理者或即将成为管理者的职场人士提供助力，让创新精神融入日常工作。

**吕秋彤**

# 目　　录

# 第 1 章
## 向科学家学创新

杰克·韦尔奇曾说过："人人都知道什么是文化，除非你想去定义它。"管理实践中就有这样一些概念，你总觉得懂它们，却又对其有种说不明白、讲不透彻的尴尬。然而，当这些概念不被真正地理解时，就不会有充分的认同和有效的实践。

本书讨论的就是其中之一——管理创新。

在国家与企业的创新体系中，管理创新是与战略创新、技术创新、产品创新、流程创新等并列的创新路径选择。但是，从创新落地实施的角度来看，管理创新是管理者直接面对每一位员工，通过创新管理理念、行为与机制，使员工增强创新意愿和提高创新能力的最佳方式。因此，富有创新领导力的管理者是创新的最强推动者。如果让熊彼特来认定，他们才是真正的管理者。

人们对管理创新常常有这样一些认识（如图1-1所示）。例如，创新不容易找到突破点、创新容易遇到阻碍、创新很难执行落地等。大家总觉得管理创新是锦上添花的"面子工程"，不是管理者紧迫需要的"刚需"。上述这些认识让我们始终未能从管理创新中受益。

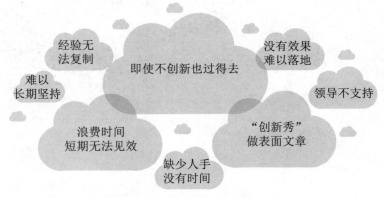

经验无
法复制

即使不创新也过得去

没有效果
难以落地

难以
长期坚持

领导不支持

浪费时间
短期无法见效

"创新秀"
做表面文章

缺少人手
没有时间

**图 1-1　对管理创新的一般认识**

本章希望澄清这些认识，以创新思维和工作思路来界定"什么是管理创新"。通过引入科学家思维与科研组织管理经验，让管理者认识到"管理创新是应该做且做得到的事"。在具体实施人才管理创新七步法之前，重塑创新思维，开拓创新思路。

阅读本章你会收获：

- 结构化地认识创新思维
- 直接获取人才管理创新的基本思路

## 1.1　科研组织管理的"科学味儿"

研究管理创新绝对不能忽视科研组织，创新基因在管理领域与科研领域一样能够发挥作用。一直以来，在科研组织中涌现出很多标新立异的管理创新方案，展现了科研组织不一般的活力和不合群的勇气，折射出科学思维和方法的独特光芒。下面，我们将介绍关于谷歌团队、卡尔迪许实验室、宝洁公司和梅奥诊所的四个案例。

### 宽容失败？不，奖励失败

在大多数公司，只有高层领导才能决定是否终止一个摇摇欲坠的项目，但谷歌探月工厂却授权员工终止项目。甚至对这种"自杀"式行为，公司会给予奖金。以一个名为"雾号"的项目为例。项目计划通过将海水里的二氧化碳提取出来，把海水转化为燃料。经历一段时间的研究探索，团队认为虽然这项技术前景广阔，但在经济上并不可行，决定终止该项目。公司负责人在全体会议上宣布，"这个团队终止了项目，但它为公司加快创新所做的贡献高于其他团队。"为此，团队因"创新失败"而得到奖励。

### 鼓励加班？不，鼓励空闲

著名的卡文迪许实验室，并不那么认可忙碌的孤独天才。他们认为，忙碌和创造力是彼此对立的，你不可能在清空收件箱的同时产生突破性想法。这里的科学家主要有四种工作形态，且都不符合通常意义的"好员工"规范。聊天最为常见，天赋异禀的人们不断交换思想，灵感的火花很容易形成火焰；散步非常频繁，大家认为这个效果很好，因为时不时地远离问题，才能给答案腾出空间；有的科学家在办公室里弹琴、绘画，找到即兴创作的感觉；还有人干脆坐着发呆，把自己调成"飞行模式"，什么都不做。这些情况如果发生在别的组织或部门，被辞退也不为过吧。

## 自主创新？不，开放创新

宝洁认为，真正突破性的创新不是大公司能够做的，而是要靠外部的中心企业或者有创造力的个人完成的。因此，宝洁采用"联发"式的创新模式，即联系与开发，通过与世界各地的组织合作，向全球搜寻技术创新来源，实现创新需求与外部技术的连接。现在，宝洁超过50%的创新来自外部。通过采用这种开放创新模式，宝洁使研发费用占销售额的比例从4.9%（2000年）下降到2.6%（2009年），而相应的研发成功率从35%提升到65%。内部的研发员工保持9300人固定在册，但是有200万研发人员是虚拟在线的。研发负责人认为："只相信自己不相信别人是非常危险的，宝洁的研发就是要把内部做小，把外部资源做大。"

## 打破大锅饭？不，坚持下去

作为世界顶尖的综合性医疗机构，梅奥诊所也是一个高度重视研究的科研机构。每年，诊所用于支持医生和科学家进行创新性研究方面的经费超过10亿美元。但是医生拿的年薪不和任何因素挂钩（包括门诊量、手术量、科研产出、绩效表现、医疗质量等），不存在所谓的绩效奖金和分红，这是这所诊所的特殊之处。更重要的是，无论你是世界知名的医生还是一位在职业早期的年轻医生，年薪几乎相同。也就是说，他们采用最传统、最落后的"大锅饭制"。

例如，如果统一预设医生年薪为50万美元，梅奥的薪酬机制是：第一年拿预设年薪的60%，然后逐年等额递增，直至第六年达到目标薪酬。后续不论达到什么资历，都将持续稳定在这个水平。这一机制的核心，一是不希望医生为了达成指标而推动过度医疗，二是不希望同行为了竞争而失去协同精神。创始人威廉·姆梅奥在 1932 年说："梅奥从不是一个利润分享的组织。"除了合理回报，梅奥从一开始就没有将奖金和分红提上日程，诊所所有盈余都被用于投资未来。

　　上述四个案例，对传统管理思维与认知颇具冲击力。这不禁让我们对科研组织的管理创新方案充满好奇：这些管理理念与创新机制的背后，到底是什么在驱动？本书认为，是科学家的创新思维。创新思维能够助力科研成就，也能推动管理升级，两者其实是贯通的。

## 1.2　科学家的七大创新思维

　　为了从科学家的创新思维中提取对管理创新的启示，本书对 400 余位世界顶尖科学家[①]进行了深入研究，分析他们的精神信念、行为习惯、成长轨迹与科研成就。结果发现，他们的"内核"特征高度相似，"七大思维"最终助力他们登上科学巅峰（如图 1-2 所示）。

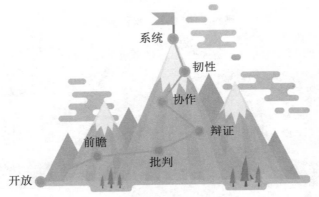

图 1-2　科学家的七大创新思维

① 包括诺贝尔奖获奖者、国家最高科学技术奖获得者和"两弹一星"科学家等世界顶尖科学家。

### ❶ 思维一：开放

你只有一个锤子，就会把所有的问题都看成钉子。

——查理·芒格

"专业"是学科发展的概念，但不是创新发展的概念。顶尖科学家们并不愿意被称为"专家"，甚至认为"专家"是个贬义词，它意味着只在一个狭窄领域"懂一点"而已。很多科学家都表达了对广泛涉猎、融会贯通的赞成态度。例如，在构思进化论的过程中，达尔文的灵感来自两个截然不同的领域——地质学和经济学。著名物理学家约翰·克拉克·斯莱特在《化学物理引论》中开篇第一句即强调，"物理学和化学的分离是不幸的"。我国航天事业奠基人、战略科学家钱学森一生研究 20 余个专业，不仅在总体、动力、制导、气动力、结构、材料、计算机、质量控制和科技管理等领域学识深厚，还广泛地涉猎哲学、人体科学、行为科学、建筑学、文学艺术等方向，他始终对新知识、新经验和新的人才保持开放的态度。

这一点与虽然不是科学家，但是投资奇才的查理·芒格观点一致。他说他成功的最大秘诀就是多元思维（如图 1-3 所示）——"你必须知道重要学科的重要理论，并经常把它们全部用上；大多数人只用一个学科的方法来解决所有问题。"

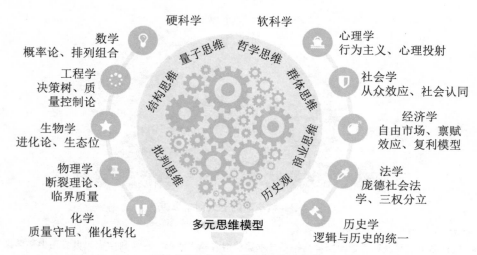

**图 1-3　查理·芒格的成功秘诀**

### ❷ 思维二：前瞻

*如果今天你不生活在未来，那么明天你将生活在过去。*

*——彼得·伊利亚德*[①]

科学是无尽的前沿，但科学家想要保持前瞻性却不容易，常常"坐"失良机或"做"失良机。例如，爱因斯坦描述自己的科学发现过程，将科研"孤勇者"的心理历程展现得淋漓尽致，"我们的最终成果几乎是不证自明的，但是，多年来在黑暗中寻找一种只可意会、不可言传的真理，强烈的欲望、自信和疑虑反复交替，直到打破僵局，真相水落石出，只有亲身经历这一切的人才知道是什么感觉"。欧内斯特·卢瑟福[②]喜欢在自己的眼镜前贴上一张硬纸片，他用这个有趣的行为提示自己"不能太关注眼前"，要脱离当下的认知局限，尤其当处于一切都很顺利的时候。

这一思维方式被亚马逊总裁贝佐斯用到极致（如图 1-4 所示）。他坚信一项业务在巅峰时必须主动自我替代。例如，在决策做 Kindle 时，贝佐斯就明确地对项目负责人说："你的工作，就是要干掉自己的业务，让卖纸质书的人都失业。"

# amazon

*如果你做一件事，把目光放到未来三年，和你同台竞技的人很多；但如果你的目光能放到未来七年，那么可以和你竞争的人就很少了。因为很少有人愿意做那么长远的打算。*

*——贝佐斯（摘自2011年年报）*

**图 1-4　贝佐斯的前瞻思维**

---

[①]　彼得·伊利亚德，澳大利亚未来学家。

[②]　欧内斯特·卢瑟福，英国物理学家，1908 年诺贝尔化学奖得主，原子核物理学之父，主要从事核科学和放射性方面的研究。

### ❸ 思维三：批判

科学一旦自认为解答了所有问题，就会开始变得危险。

——乔治·萧伯纳 [1]

诺贝尔物理学奖得主马克斯·普朗克说："物理学世界的图像离感知世界的距离正在日益增加，这无非意味着我们逐渐在接近真实世界。"理查德·费曼也强调："我们力图尽快证明自己错了，只有这样我们才能进步。"这些乍一听来有些"绕"的观点，实际上表达了同一层含义：每个肯定答案让我们更坚持自认为知道的东西，但是每个否定答案能让我们更加接近真理，它们比肯定答案提供更多的信息。

在《像火箭科学家一样思考》这本著作中，作者基于对火箭科学史上两次最大灾难的分析，得出结论——成功是最大的失败。在"挑战者"号发生事故之前，尽管 O 形环问题已经暴露出来，NASA 还是成功启动了多次飞行任务；在"哥伦比亚"号事故发生前，尽管有泡沫脱落，很多航空飞机还是成功完成了发射。每一次成功（实际上是未遂事故）都强化了人们维持现状的信念，助长了人们视问题如无物的态度。有了成功的经验之后，风险变得更容易被接受，"批判"的声音更像是噪声，这时，更加需要科学家用批判思维战胜从众心理。

### ❹ 思维四：辩证

能同时保有全然相反的两种观念还能正常行事，是第一流智慧的标志。

——弗朗西斯·菲茨杰拉德 [2]

诺贝尔奖父子 J.J. 汤姆森（父，1906 年诺贝尔物理学奖得主）和 G.P. 汤姆

---

[1]　乔治·萧伯纳，爱尔兰剧作家。1925 年因作品具有理想主义和人道主义而获诺贝尔文学奖。

[2]　弗朗西斯·菲茨杰拉德，美国作家、编剧。

森（子，1937 年诺贝尔物理学奖得主）的获奖理论截然相反——父亲因为提出"电子是粒子"而获奖，儿子因提出"电子是波"而获奖。这期间，他们一直在同一个研究室工作，没有"离经叛道"，而是在相互支持下坚持己见，彼此成就。2013 年的诺贝尔经济学奖，也颁发给了两个观点完全相反的经济学家——芝加哥大学的尤金·法马教授与耶鲁大学的罗伯特·席勒教授，他们在市场是否有效方面持截然相反的观点。

### ❺ 思维五：协作

*你跟谁在一起聊天，相当重要。*

*——本杰明·格雷厄姆[①]*

人类的认知体量如此巨大，任何个人都不可能获知一切。因此，科学家们不仅希望合作，也不得不选择合作。以前，牛顿、爱因斯坦等极少数的早期科学家属于"独行侠"，大喊一声"我发现了"；如今，科学界早已迎来团队时代，顶尖人才从"成对"出现到"成队"出现（如图 1-5 所示）。

**图 1-5　超级协作的未来趋势**

截至 2023 年，据不完整统计，科学家个人最大的合作范围为 511 人[②]，约 75% 的诺奖授予了团队；有 18 组合作年限超过 20 年的"超级合作者"，他们像科学界的蝙蝠侠和罗宾一样组队奋战；25% 的科学家提及身后拥有数倍于

---

① 本杰明·格雷厄姆，被誉为华尔街教父，价值投资理论的创始人。他不仅对文学、历史有浓厚的兴趣，更对数学有着非同寻常的喜爱。

② 数学家厄尔迪斯，共与 511 人合作撰写论文。

"内部团队"的"外部力量"（包括合作团队、科学家好友等），提供更大力度、更加多元的科研支撑；32% 的诺奖得主出自同源团队[①]。

以贝尔实验室为例（如图 1-6 所示），为了促进交流协作，贝尔实验室的走廊被设计得很长。管理者有意识地将思想家（例如物理学家、冶金学家）和实践者（例如电器工程师）混合组队，让足够多天赋异禀的人彼此之间不断地交换思想，促进灵感的火花形成创新的火焰。

这儿的风气太好了，生机勃勃的讨论随处可见，甚至吃午饭时间都在进行，并且延续到网球场和社交集会中。

——朱棣文（1997年诺贝尔物理学奖获奖者）

**图 1-6    贝尔实验室的协作氛围**

## ❻ 思维六：韧性

我们在玩一个永远不会结束的宇宙版"打地鼠"，一个问题被打下去，另一个问题就会弹出来。

——约翰·克劳瑟[②]

科学的本质就是对未知的探索，因此科学的不确定性来源于科学活动本身。与不确定性共舞、接受频繁的失败是科学家的日常修炼。很多科学家终其一生之力只是证明了一些错误。理论物理学家戴维·格罗斯在他的诺贝尔获奖演说中提到，"我们的教育体系把科学家的经历美化了，教科书经常忽略了可供科学家选择的其他道路、错误线索以及他人的误解"，他认为"科学家必须总去打破、质疑自己"。瑞·达利欧在《原则》一书中也有一句话很准确地描述出科

---

① "同源"指有师缘、学缘关系。
② 约翰·克劳瑟（John Clauser），2022 年诺贝尔物理学奖得主。

学家必须做到的自我颠覆或承担的成长焦虑，"如果你现在不觉得一年前的自己是个蠢货，那说明你这一年没学到什么东西"。

此外，在科学界，坚持到底才能不倒在黎明之前。例如，科学家们的科研生涯越来越长。从前，大多数科学家可以在 30 岁前获得殊荣，而在今天，物理学者在 25 岁才开始攻读博士；1980 年前后的诺贝尔物理奖获得者平均年龄为48 岁，现在的平均年龄为 54 岁。少有人年轻有为，多数人已形容枯槁，精力大幅下降，这对科学家的身心健康提出了更高要求（如图 1-7 所示）。

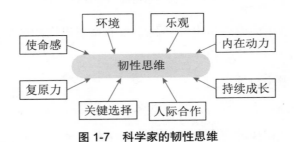

**图 1-7　科学家的韧性思维**

## ❼ 思维七：系统

我教这门课的目的不是替你们应付某种考试，不是为你参加工业部门的工作做准备；我希望告诉你怎么鉴赏这奇妙的世界以及物理学家看待世界的方式。

——理查德·费曼①

如果只用一个词概括科学家思维，那就是"系统思维"。借用费曼的表达，这是科学家"看待世界的方式"。除"整体大于部分之和"与"事物都是相互作用的"等一般理解之外，本书从科学家们的"只言片语"中挖掘出一些对系统思维的"精确"感悟与"模糊"表达（如图 1-8 所示）。

---

① 　理查德·费曼，物理学家，美国国家科学院院士，1965 年诺贝尔物理学奖获得者。

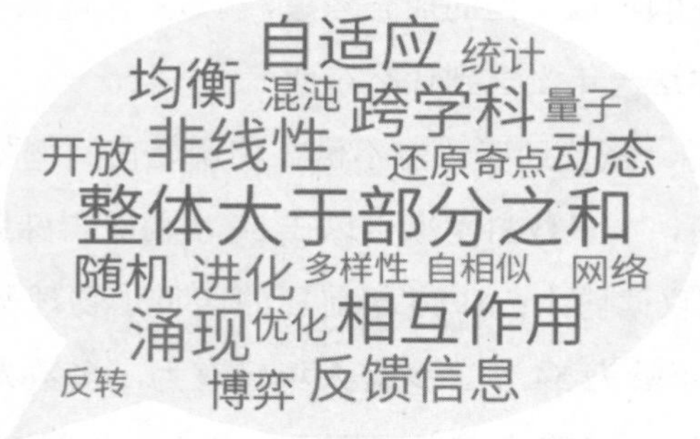

图 1-8　系统思维的一般认知

　　大家也可以从下面的表达中领会科学家的系统思维，这些都是他们在不同场合中说过的话：

- 今天的问题来自昨天的方案

- 你对系统施加多少推力，就会有多少阻力

- 实验结果在向错的方向发展之前，往往看起来是在向好的方向发展

- 原因和结果在时空相关性上并不紧密

- 微小的改变可能会产生巨大影响

- 发现矛盾是创新的起点

- 我付出了巨大努力，才达到去繁从简、不故弄玄虚的境界

## 1.3　十项人才管理创新建议

　　进一步，科学家的七大创新思维对管理创新有哪些启示呢？

　　在管理情境中，这些创新思维具有很强的穿透力和引导力。尤其当处于某种困惑时，我们会产生"点拨—顿悟"的反应。本书尝试将每个创新思维进行梳理分解，并关联前沿管理创新实践中的焦点与热点举措，形成具有代表性、突破性的十项创新建议（见图 1-9 所示）。虽然创新思维并不只有这些解读和运用的方式，但是这十项建议足够引导大家逐步建立起对人才管理创新的结构化认识。对

于每一位管理者而言，这既是一份思维检视清单，也是一组关键行动建议。

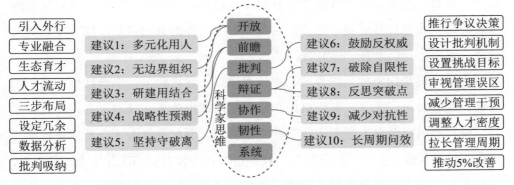

**图 1-9　从七大思维中分解提炼的十项人才管理创新建议**

### ❶ 建议 1：多元化用人

基于开放思维的第一项建议是"多元化用人"。同质人才的能力圈高度重合，难以应对充满未知的工作。作为全球领先的管理咨询公司，麦肯锡早就以"找外行"为用人原则，在全球范围内寻找和吸纳对公司业务"什么都不懂"的优秀人才，以此来保证能为公司注入源源不断的创新活力。在科技顶流企业谷歌，也有一支并不"专业"的 HR 团队。在 200 余人的团队中，1/3 是 MBA 背景，懂商业；1/3 是咨询背景，懂方法；1/3 是信息学、统计学背景，会算法。这个团队并不专注于维护某一方面的专业性，相反它坚持专业融合。无论是麦肯锡还是谷歌都认为，按专业选人的常规思路只能够保证员工履行职责、完成任务；要想推动创新，只有越开放、越多元的人才选育方式才越有可能实现目标。

### ❷ 建议 2：无边界组织

基于开放思维的第二项建议是"无边界组织"。未来，人才将无法接受在一家组织中成长。科学界用"看不见的大学"，比喻科学家之间的合作网络，这样的开放性令所有人才向往。那么在企业中，也应该追求这样的"去边界化"。在《无边界组织》一书中，四位曾经帮助杰克·韦尔奇在通用电气公司

（GE）创造无边界文化的管理专家，从打破壁垒的角度，提出了打破组织内部水平、垂直、外部、地理等四个边界的行动建议。而实际上，从人才发展角度来看，让人才通过打破四个边界，实现在组织内外的共同成长，这一概念更有价值。下面，我们来看一些实例。

丰田公司长期坚持无边界的人才培养模式。它构建了一个包括供应商、销售商、竞争对手、大学、科研机构和政府部门在内的人才管理平台，通过协丰会、咨询小组以及自主学习团队三种流程机制，引导内外人才自发地进行学习交流和经验传递。在丰田经常发生这样的情况：一位在部门工作十余年的专家，竟然不是丰田人，而是来自供应商。英国石油公司也曾经发起了一个"虚拟工作组"项目，该项目依托先进的技术，建立了一个跨越地理和组织边界的虚拟组织，实现了将需要分享经验、技能和协同工作的员工、专家、承包商连接起来的目的。该项目组构建了不同领域的专家在线网络，最后约有 1.2 万名专家纳入"连接"之中，占公司员工总数的 1/8。华为的任正非怎样评价干部呢？他不关注高级骨干是不是在埋头苦干，相反则认为这些人一定要"走出去"，"多参加业界会议，与世界名流喝咖啡，听听人家的想法，给我们启发，少走弯路"。此外，兰德公司[①] 鼓励人才在政、企、研三部门流动的"旋转门"机制，腾讯促进人才轮岗适岗的"活水"机制，阿里巴巴等公司主动连接离职人才的"校友会"机制等，都在不同程度地向无边界组织的管理模式积极迈进。

### ❸ 建议3：研建用结合

管理如何做到前瞻？本书认为，前瞻在很多时候不只是"看得远"，更是"动得早"。"技术和产品异步开发"是科研工作中的一项重要共识，这同样也适用于管理工作。韦尔奇曾说，"我们的活力曲线之所以能有效地发挥作用，是因为我们花了 10 年时间建立起了一种绩效氛围"，在管理问题上"很多小问题是被拖成大问题的"。

---

① 美国最重要的以军事为主的综合性战略研究机构。

因此，前瞻思维需要我们坚持研究先行，建用同步，形成工作梯次，这样才能留出完成闭环工作的时间，避免出问题后当"救火队员"。例如，一项管理工作如果能够落地见效，一般需要 2 ～ 3 年（见图 1-10）。这样看来，追求速赢速效的管理者应该调整心态了。

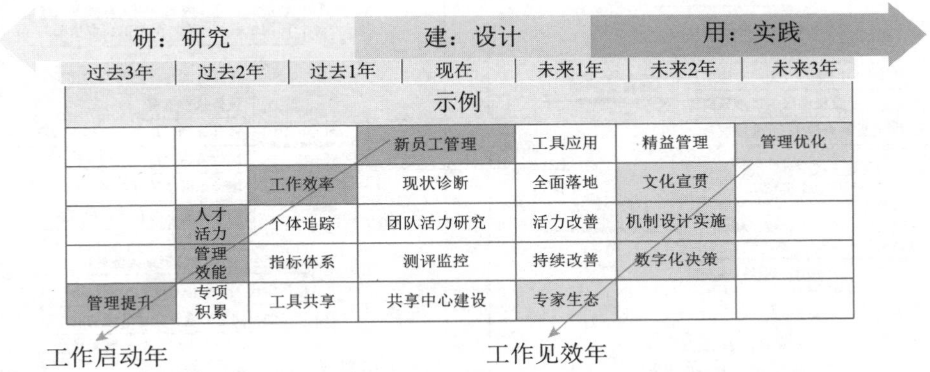

| 研：研究 | | | 建：设计 | | 用：实践 | | |
|---|---|---|---|---|---|---|---|
| 过去3年 | 过去2年 | 过去1年 | 现在 | 未来1年 | 未来2年 | 未来3年 | |
| 示例 | | | | | | | |
| | | | 新员工管理 | 工具应用 | 精益管理 | 管理优化 | |
| | | 工作效率 | 现状诊断 | 全面落地 | 文化宣贯 | | |
| | 人才活力 | 个体追踪 | 团队活力研究 | 活力改善 | 机制设计实施 | | |
| | 管理效能 | 指标体系 | 测评监控 | 持续改善 | 数字化决策 | | |
| 管理提升 | 专项积累 | 工具共享 | 共享中心建设 | 专家生态 | | | |

工作启动年　　　　　　　　　　　工作见效年

图 1-10　管理创新需要"研建用"周期

### ❹ 建议 4：战略性预测

预测为管理赢得时机。2015 年 3 月，华尔街日报发表了一篇题为《告诉老板谁可能辞职的算法》的报告，深入分析了瑞士信贷如何预测谁可能辞职以及这些人可能辞职的原因（如图 1-11 所示），这让管理者的干预变得精准及时。

同样在 2015 年，百度启动了"百度人才智库"项目（Talent Intelligence Center，TIC），开始统筹打造"大人才"管理模型（如图 1-12 所示）。百度希望借助自身在人工智能和大数据方面的天然优势，提升管理的战略预测能力和决策能力。TIC 项目由人工智能和数据挖掘领域的世界级专家领衔担任，以超过 10 万名员工的数据与海量多源外部公开数据为基础，持续开发上百个模型。例如"创新熵模型"，可以基于日常客观数据，评估团队扁平化、自由度、员工多样化等能够预测创新能力的各项特征，及时发现具有创新土壤的团队，引导公司为其更好地赋能。又如"人才雷达"模型，可以及时捕捉市场关键岗位的人才池大小和薪酬水平，为人才猎取赢得先机和底牌。

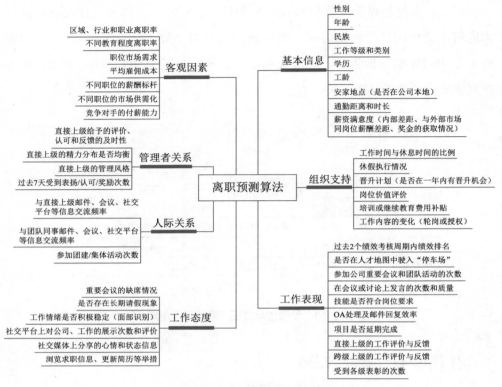

**图 1-11 离职预测算法示意图**

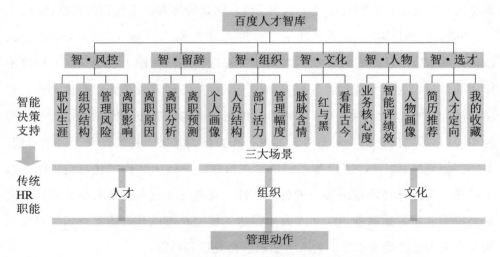

**图 1-12 百度人才智库框架示意**

### ❺ 建议 5：坚持守破离

批判思维在应用借鉴管理经验时非常宝贵。置身于乌卡时代（VUCA），管理的知识、经验和方法从来没有像现在这么廉价，管理者必须学会区分信号与噪声。把别人的最佳实践变成自己的，需要一套程序——守、破、离，即通过筛选、过滤和批判性吸纳，形成自己的独特做法。

"守破离"来自"合气道"招式的学习模式，包括三个层次。守，指学员必须严格学习一种招式，了解细节，不能浮于表面。破，指学员要知道除了自己所学招式外，还有很多招式，要拓宽眼界，破除对现有招式的依赖。离，指学员要脱离招式的束缚，达到一种"无招胜有招"的境界，整合创新，自成体系。华为就是"守破离"的实践者，其"先僵化、后固化、再优化"的管理提升模式，就是最佳做法。华为从不一开始就批评外部实践的局限性、适用性、先进性等，而是在实践过程中相继做到守得稳、破得快、离得成，以致终究自成体系。不守就破、只守不破、只破不离是大多数企业的常见误区。

### ❻ 建议 6：鼓励反权威

批判思维最直接的体现就是敢于反对权威。让创新发生的关键，是保留更多不同的声音。很多组织坚信，人才价值常常因为畏惧权威而大打折扣，因此要大力提倡"反权威"行为。例如，作为 20 世纪美国最伟大的职业经理人之一，阿尔弗雷德·P.斯隆非常重视"争议决策"。如果会上没有不同声音，他就会暂缓决策，等到详细调查研究和充分讨论之后再做决定。谷歌也将"反权威"精神作为引才标准。如何知道应聘者是否具有"反权威"精神呢？谷歌 HR 会进行背景调查。一般的背景调查是了解候选人在之前工作中是否有违规犯错、职业污点等，而谷歌则通过一些巧妙的问题去了解此人是否"反权威"。成千上万不盲从的聪明人聚集起来，其能量可想而知。谷歌也因此不做"Me too"（我也一样）的产品，成为了创新的沃土。

批判思维只能在文化层面推动？不，华为落地了。华为成立蓝军参谋部，基于对抗体制和运行平台，释放出质疑的巨大能量。蓝军参谋部的主要"战绩"包括：列出过任正非的"十宗罪"[①]，使任正非被罚款 100 万元；阻止华为出售终端业务[②]，目前其营收约占华为总营收的一半。任正非还在一次内部会议上说："要想升官，先到蓝军去，不把红军打败就不要升司令，你都不知道如何打败华为，说明你已经到天花板了。"

### ❼ 建议 7：破除自限性

辩证思维在管理中的应用非常广泛，我们经常需要"辩证地识人断事"。但在很多时候，我们的辩证思维总是受到局限。例如，很多企业把"行业特殊""情况复杂""我们不适用"等挂在嘴边，实际上陷入了"信息茧房"或"限制性陷阱"，而这样将错过一些管理创新的好机会。

在精益管理中，成本降低 50% 以上才算节约，因为只有设定大幅度的降本标准，才有可能推动人才打破路径依赖，实现颠覆与重构。比如，Space X 联合创始人汤姆·穆勒认为马斯克是一个"精神病"，因为当马斯克问他能将发动机的成本降低多少时，穆勒说"可能降到 1/3"，马斯克却说"我们要降到 1/10"。穆勒认为这是白日做梦，但最后，实际成本更接近马斯克的数字。这个例子提示我们要用好辩证思维，不能让辩证思维反而阻碍了创新。

### ❽ 建议 8：反思突破点

一项科学学[③]研究追踪了上百位年轻科学家的国家级课题申请结果，该研究针对在资助边界上的"侥幸成功者"和"不幸失败者"，分析他们长期的生涯表现。结论是，早期挫折更有利于加速成长，早期挫折经历者可能有更大潜

---

① 任正非的"十宗罪"包括：在人力资源管理上太过心急、否定新事物、管理不够灰度等，要求任正非不能只要下属一犯错误就批评，这样容易导致下属丧失主动性和创造力。

② 2008 年，华为与贝恩等接触并预备出售终端业务时，蓝军参谋部基于大量研究分析后，提出"未来电信行业将是'端—管—云'三位一体，终端决定需求，放弃终端就是放弃华为的未来"。

③ 一个新兴领域，研究科学本身的发展与演化规律的学科。

力。这启发我们要留意一直以来认为不好、不行、不能的人和事，审视误区和盲区，从而找到解决问题的突破点。

例如，腾讯非常注重帮助管理者"刷新"管理认知。绩效差就是能力差吗？不，约 40% 的低绩效员工是因为岗位不合适。"躺平"只是员工的问题吗？不，近 1/3 "躺平"的员工是因为管理者持有管理偏见，过度树立"明星典范"，让"优秀者更优秀"，使员工感受到了不公平。新员工不用管就能自主发展吗？不，新员工是离职的高发群体，入职 3～5 年的次新员工离职会让企业的损失更大。通过一些调研分析，腾讯还陆续推出了活水计划、绩效简化、安居计划、新员工培养地图等配套机制，进一步帮助管理者在反思辩证中提升管理能力。

## ❾ 建议 9：减少对抗性

大家有没有发现，鼓励协作的管理机制，常常达不到预期？这主要是因为很多管理行为与机制经常阻碍着协作，而这在绩效考核、激励表彰、人员晋升时尤为明显。彼得·德鲁克对此提出过两点建议：一是管理任务，而不是管理下属，这样能把管理者从对立的角色中解脱出来，让管理者与员工可以协同起来；二是加强目标管理，让每个人紧盯自己的目标，这样能够减少横向的同伴压力，让员工与员工可以协同起来。

一些高度重视协同的公司，已经认识到差异化的个人激励政策并不适用了，因此调整为以团队为最小激励单元的模式，倡导团队内自主分配、平均分配。此外，协作对人才密度也有要求，在团队配置方面，团队成员过于平庸或星光熠熠都不是好事。研究显示[1]，人才密度[2]低于 10% 不足以催生变化，高于 40% 就很难协调一致，在 20% 左右才能够产生积极的同伴压力和带动效应，最有利于实现高质量协作。

---

[1]　摘自王大顺，（匈牙利）艾伯特-拉斯洛·巴拉巴西.给科学家的科学思维 [M].贾韬，汪小帆，译.天津：天津科学技术出版社，2021.12.

[2]　指高质量人才占比，泛指明星效应。

## ⑩ 建议 10：长周期问效

本书认为，韧性思维要求管理者耐心坚持，抗挫复原，做长期主义者。例如，一个组织如何对待预研管理，能够最大限度地呈现出管理韧性。在华为2012 实验室，预研项目分为"山头"项目和"无人区"项目两类，允许随时调整目标，允许快速失败，允许预先发放略高于研发群体平均值的薪酬。从新闻曝光的"入职十几年、天天打游戏"的俄罗斯小伙子，到号召人力资源部全员学习数学天才陆家羲[①]，任正非明确要求华为人坚持长期主义，"有些人才有较长的潜伏期，可能短时间发挥不出作用来，我们要去耐心观察他是不是有能力"。

彼得·圣吉非常重视对管理韧性的研究，他认为大规模的组织变革并不符合组织心智和群体动力学规律，会产生一系列变革危机（如图 1-13 所示），不如"迷你改善"更为有效。

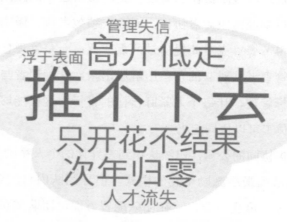

**图 1-13　大型组织变革的危机**

什么是"迷你"的标准呢？他给出的数值是 5%。例如，5% 的参与者、5% 的增量指标、5% 的重点计划、5% 的时间变化等。彼得·圣吉认为，"迷你改善"有利于保持管理韧性，因为它既减少了阻力，又保持了动力，具备延续性和创

---

① 任正非要求全员学习《一个被我们"嫌弃"了 23 年的数学天才，累死才知道他的价值》一文。

新性的双重优势，使改革更有可能坚持下去。因此，我们不要总想着大刀阔斧地进行改革，"零打碎敲"可能成功率更高。

　　以上就是开放、前瞻、批判、辩证、协作、韧性六大思维在管理实践中的映射启示。而当上述思维和方法得到综合运用之时，也就是系统思维呈现之时。希望通过本章的分析与建议，以十项创新建议抛砖引玉，为读者构思人才管理创新工作带来新的认识和思路，催生出更丰富多元的理解与实践。

# 第 2 章
# 管理创新的
# 三个层次

　　从创新思维到创新行为，还有一段不小的距离。很多管理者认为管理创新太难，常态化创新更是不可思议的事。于是，往往在创新的脑洞还没打开时，困难的想象已经展开了（如图 2-1 所示）。

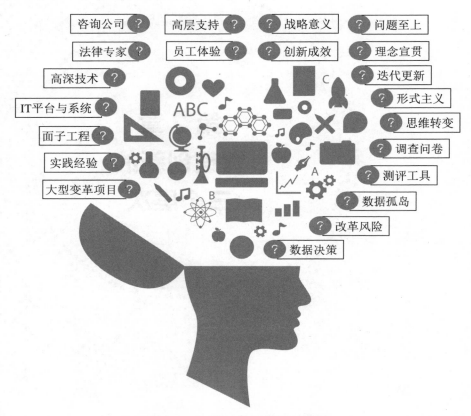

**图 2-1　令人望而却步的管理创新**

　　近年来，微创新、轻量化等理念正在努力修正大众对管理创新颠覆性、复杂性的刻板印象。其实，在创新思维的驱动下，创新可以有多种层次和多种形式。只要能够为组织、业务和人才带来积极的改变，就是有价值的管理创新。

本章将管理创新由易到难划分为三个层次：**行动创新、认知创新和技术创新**。通过三个层次的分解，加深我们对创新的理解，降低实践门槛。在具体实施人才管理创新七步法之前，定位创新层次，明确创新目标。

（1）行动创新是"体力"，提示管理者只要坚持行动到底，就是创新；

（2）认知创新是"脑力"，发现盲区、纠正误区，是大量管理创新的源泉；

（3）技术创新是"外力"，最科学的管理思想往往要依靠技术创新来实现。

读完本章你会收获：

● 了解管理创新的三个层次

● 理解创新无效的可能原因

## 2.1　第一层：行动创新

行动起来就是创新？没错。在日常管理活动中，很多管理创新输在"半途而废"上，即反复瞄准问题，而没有采取行动解决问题。因此，最"简单"的创新就是闭环做事，务求实效。

### ❶ 管理创新的三要素

我们先来看一个真实案例。

某公司人力资源部围绕"员工敬业度提升"问题探索创新举措。他们是这样做的。

第一步：开展敬业度调查。人力资源部根据年度调查和员工反馈初步了解到，虽然公司员工流失率不高，但隐性的人才流失却普遍存在，主要体现在员工工作投入度不高、工作效率下降、奉献与协作意愿低、对工作多持抱怨和不满的态度等方面。为此，人力资源部组织实施员工敬业度调查，借助盖洛普Q12调查工具，形成敬业度报告并向高层管理者汇报。领导点评："能够主动发现问题。但是，你们有什么建议呢？"（天空有乌云，然后呢？）于是，人力资源部继续开展第二步。

第二步：分析问题与解决方案。为挖掘员工敬业度的影响因素，人力资源部对数据进行关联分析，例如入职年限、绩效表现、个性特征、团队氛围、领导者风格等。分析发现，敬业度与薪酬激励无关，而与团队领导相关。这与通常的认识有所不同。人力资源部建议，团队管理者应高度关注任务分配的均衡性、任务能力的匹配性以及工作认可的即时性。领导点评："能够分析并提出建议。但是，只有建议没有行动吗？"（天上有乌云，可能会下雨，然后呢？）于是，人力资源部继续开展第三步。

第三步：组织专项培训，实施敬业积分制。基于调查结论，人力资源部将5项影响敬业度的关键因素纳入管理者与新员工的专项培训中。为进一步塑造并固化员工行为，开发"敬业积分"小程序，将5项因素对应的20项高频行为设计为20个徽章，每个徽章对应不同积分，倡导员工之间、上下级之间及时地进行认可与鼓励，让全员都看得到。积分还可以进行排名和兑换。领导点评："满意！希望持续推动改善。"（因为要下雨，你打起了伞。）

在上述案例中，人力资源部在领导的"质询"推动下，终于从书面创新走向行动创新。我们来复盘一下，**第一步是调查**。这是大部分公司经常开展的数据统计。除小范围汇报或内网发布报告外，没有后续举措，大家很难领悟到这项工作的意义。**第二步是分析**。人力资源部找到了核心问题，形成了解决方案，但由于不能直接深入每一个团队，所以只是发现问题，并没有解决问题。**第三步是改善**。在调查研究的基础上，实施针对性创新举措，在重塑行为上不遗余力，让全员看到了 HR 务实有效的工作态度和能力。在日常工作中，我们经常将工作重心放在前两步，相当于只有"云"和"雨"，却没有"伞"，因而使创新无法获得上下皆认可的创新成效。这种创新就只有苦劳难有功劳。

因此，从某种意义上讲，**管理创新 = 调查 + 分析 + 改善**。三者若缺其一，尤其是缺少改善，就会导致绝大多数低效、无效的创新实践。

管理创新的三要素（也可以看作三步流程）在很多最佳实践中都能够得到

验证。例如，科学管理之父泰勒就是以"行动改善实现管理创新"的先行者。著名的生铁搬运实验就是一次从调查、分析再到改善的闭环行动。泰勒通过对工人代表施密特的甄选、观察与训练，发现了科学高效的技能方法和制度设计，最终大幅地提升了工人的劳动生产率。如果没有"劳动生产率提高三倍"的行动成效，我们不会像今天这样了解泰勒和他的实验。

## 泰勒的科学管理实验为什么成功？

在伯利恒钢铁厂，工人需要大量搬运原材料生铁块，工人每天的标准工资是 1.15 美元，日搬运重量约为 12 吨。为了提高工人的劳动生产率，1898 年，弗雷德里克·温斯洛·泰勒开展了实验。整个实验过程有三个关键环节。

一是调查——挑选合适的工人。泰勒观察研究了 75 名工人，从中挑出了 4 人，在调查他们的背景、习惯和抱负后，选中一个叫施密特的工人，他非常爱财、工作认真。泰勒要求施密特按照新的要求工作。

二是分析——研究搬运动作。泰勒仔细观察和分析不同工作因素的切换对效率的影响。例如，直腰或弯腰搬运、行走速度、持握位置、休息间隔等。通过长时间的观察试验，工人每天的工作量可以提高到 47 吨，并且不会感到太疲劳。

三是改善——推广新的方法。施密特正式工作后，第一天很早就搬完 47.5 吨，依据新设计的计件工资制，他拿到了 1.85 美元的工资。其他工人也纷纷按照这种方法来搬运，使得劳动生产率和工资分别提高了 280% 和 70%。

泰勒通过一整套调查、分析和改善流程，创新性地解决了生产率提升问题，并让大家首次意识到科学管理与决策的重要性。此后，泰勒以同样的思路陆续实施了铁锹实验和金属切削实验，三大实验共同贡献出一套完整的生产率提升对策，大大鼓舞了劳资双方，从而开启了科学管理的新时代。应该说，只要能够做到"三要素"齐全，泰勒的创新方式是最容易复制的。

## ❷ 氧气团队为什么失败

我们再来看谷歌。谷歌人力资源副总裁拉兹洛·博克（Laszlo Bock）认为，在谷歌所推行的众多管理创新项目中，"氧气工程"最为成功（它也是我们最为熟知的一个管理创新案例）。这并不是因为它空前绝后，而是因为它以一次近乎失败的经历，确立了谷歌此后实施管理创新的工作标准。

2009 年，谷歌启动"氧气工程"，旨在设计出对于谷歌的未来而言，比下一代搜索算法或应用软件更为重要的东西——打造更好的管理者。历经近一年的研究分析，谷歌归纳出以"氧气模型"为核心的 400 页报告，首次提出"高效管理者的 8 个习惯"（如图 2-2 所示）。

---

研究过程

采取的行动：
· 组建来自人力资源部和数据部门的联合团队
· 对1万余名员工开展"什么样的人是一个好的管理者"的问卷调查及访谈，对收集信息进行编码分析
· 交叉分析1万余项资料，包含考绩评量、团队表现、员工访谈和意见调查等内容

研究成果

高效管理者的8个习惯：
1. 做一名好教练
2. 提升团队实力，权力下放，不事必躬亲
3. 关注员工的成功和幸福
4. 注重效率，以结果为导向
5. 善于沟通，善于倾听团队意见
6. 帮助员工进行职业规划
7. 团队目标明确，战略清晰
8. 掌握关键技术技能，能给团队提供建议

**图 2-2 "氧气工程"的初期成果**

---

氧气团队本以为"大功告成"，但在成果发布后却备受质疑。员工不能接受的是，一个令人期待的创新工程就这样书面交付了！

只有数据和结论是行不通的[①]。在质疑声中，团队意识到，创新必须推动行动，否则再科学也无济于事。于是，氧气团队着力加强落地实践，从修正理念、树立导向、加强培训、实施干预等多方面下功夫，推动研究成果转化为员工体验，使"氧气工程"实现了研（研究）、建（构建）、用（应用）的紧密结合，

---

① 出自戴维·尤里奇。

最终成为有效培养管理者的经典案例。

## 谷歌是如何"盘活"氧气工程的？

一是加强成果宣贯。例如，帮助技术型管理者颠覆以往"技术第一"的观念，推动"技术咖"磨炼"教练式"领导方式，成为员工愿意跟随的人。

二是实施能力培养。将 8 个习惯纳入管理者辅导、评价、培养等各类项目之中；筛选"最差"经理人名单，实施一年期的专人辅导干预，有 75% 的管理者在辅导期末都得到显著改善，赢得下级赞赏。

三是树立用人导向。拒绝晋升一位技术能力突出但专横傲慢的主管，并对其进行一对一辅导。6 个月后，员工评价该主管"强多了"，一年后，该主管获得晋升。通过一系列类似举措，持续强化用人标准。

自"氧气工程"以后，谷歌的管理创新进入了飞速增长时期，在"坚决行动"这一点上，再也没有跌倒过。谷歌还总结出管理创新有"五个配方"（见表 2-1）和"三维价值"（见图 2-3），希望能够借此推动更多企业从完整行动的角度挖掘管理创新的价值。

表 2-1 谷歌管理创新的五个配方

| 组　　成 | 内　　容 |
| --- | --- |
| 20% 数据 | 收集、梳理并联系不同的数据 |
| 5% 利益相关者 | 多方收集关键信息，让沟通汇报尽量简洁，争取得到理解与支持 |
| 15% 分析 | 逻辑严密，说服力强 |
| 20% 讲故事 | 把研究成果缩减为让人印象深刻的一页 Word 或 PPT，解释这些结论代表什么以及如何落实执行，创建不同群体对本项目的兴趣点和记忆点 |
| 40% 执行 | 把关键结论落在行动中，向相关团队转移执行权；庆祝短期目标的达成；设置日程来监督成果；保持计划的灵活性，适时做出调整 |

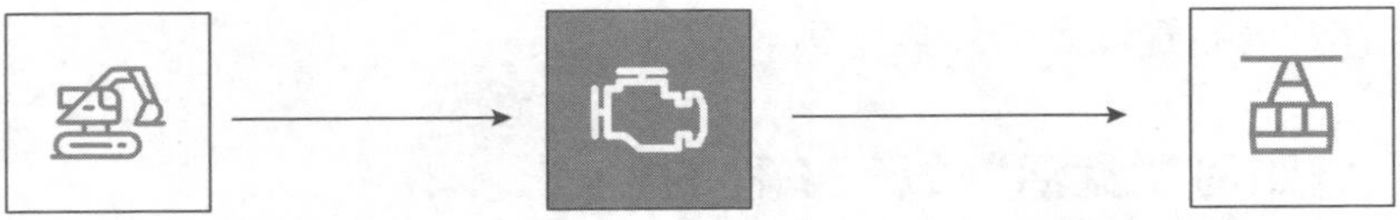

问题"挖掘机"　　　　　　变革"发动机"　　　　　　专业"孵化器"

- 年均启动专项研究60+
- 360°覆盖创新、体验、事务等人才管理工作

- 未得到有效应用不能结项
- 驱动从问题到行动、反馈的优化闭环
- 持续打造最适合顶尖人才的管理环境

- 吸纳上万名非HR角色加入临时项目组，提升谷歌全体员工的"HR感"
- 调研覆盖超2/3谷歌人，导入跨领域思维与客户思维

**图 2-3　谷歌管理创新的三维价值**

## 2.2　第二层：认知创新

管理也像科技领域一样存在"摩尔定律"[①]。我们在工作中所坚持的管理理念与经验方法正在不断接受挑战——很多结论不是错了，而是变了。因此，如果我们在面对问题时感到束手无策，找不到破局的有效方法，就需要进入管理创新的第二个层次：认知创新。通过纠正误区、发现盲区，找到认知范围以外的好办法。

例如，埃克森美孚石油公司（以下简称美孚石油）就遇到了"持续升级管理能力"的问题。由于一度位居全球 500 强首位，公司很难找到合适的业内学习对象，同时对其他行业实践也了解不深；公司试图就一些关键问题开展外部调研，但都由于问题存在一定的特殊性，没有收获有效经验。这些困难使公司的战略发展部门一筹莫展，"无标可对"也让管理者感到迷茫。

### ❶ 升维突破认知边界

我们首先提出三点基本认识：

---

① "摩尔定律"是由英特尔创始人之一戈登·摩尔提出的经验判断。其核心内容是集成电路上可以容纳的晶体管数目在每 18 ~ 24 个月便会增加一倍，同时价格下降为之前的一半，它一定限度地揭示了信息技术进步的速度。

- **认识一：我们不太可能遇到无从借鉴的问题**。一般情况下，我们遇到的管理问题，不会是从未被理论研究过或从未被实践探索解决过的空白，大多有相关经验和方法可供参考。实践的困境主要在于问题与方法的时空割裂（例如在别的企业或早期实践中已有解决方法，但是大家不知道），以及实践者对问题与方法的调整匹配能力（例如已有类似经验，但不会灵活运用）。

- **认识二：管理问题在底层是相似的**。从底层来看，管理问题是一些要素与条件的集合，而不同的管理问题就是要素与条件的差异化组合。我们倾向于认为自己的问题是独一无二的，主要是没有将自己的问题与别人的问题进行分解映射到同一层次或统一到同一个口径上。

- **认识三：创新是对经验方法的个性化组合**。如果我们把每个企业的问题和方法都想象成独立的集合，那么管理创新就是带着自己的问题去找别人的方法的"桥梁"，具体通过"一升一降"的两步过程。也就是说，先将个性化的问题概念化（升维），在概念层面寻找解决方法，再将方法个性化（降维），依据实际情况进行调整和应用（如图2-4所示）。

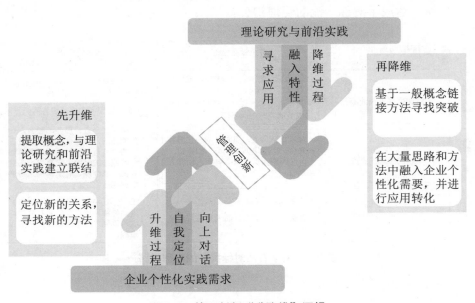

**图 2-4　管理创新"升降维"逻辑**

因此，我们对问题的认知实际上有一个隐形坡道，从故事、案例到现象，再到经验、模式……每向上一个层次（升维思考），就会"解锁"更多可行的一般化方法；在结合实际进行运用时（降维实践），一般化方法最终会转化为解决实际问题的个性化方法，而这个过程就是认知层次的管理创新。

### ❷ 美孚石油该向谁对标

在外部专家的引导下，美孚石油通过采取以下三项行动，先升维、再降维，挖掘可行做法（如图 2-5 所示）。最初，公司一定想不到会在一组加油队、一家酒店、一个超市的启发下，实现了令客户满意的管理提升。

- **从现象中提炼问题**。构建可持续发展能力指标体系，开展管理诊断，从 200 多项管理问题中提炼出支撑战略组织能力建设的 40 项关键问题。
- **面向客户聚焦问题**。基于客户调查，将 40 项关键问题归结为 3 条提升路径：快捷服务、友好员工和消费忠诚。
- **在概念层面对标实践**。分别成立速度小组、微笑小组和忠诚小组，每个小组大规模地寻找最佳实践，最终融合吸纳了改善客户服务的有效做法，达成了对标一流的管理初衷。

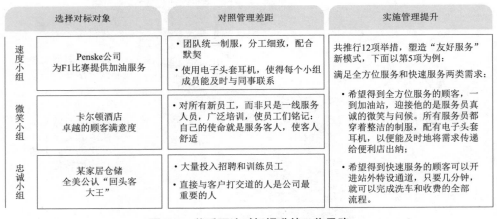

图 2-5　美孚石油对标提升的工作思路

## 2.3　第三层：技术创新

有些管理创新的想法很好，但是该怎么实现呢？

例如，应该如何甄选人才？我们知道面试和笔试甄选都不够可靠，但是我们无法从他过去的学习与工作中获得有效信息——有关记录是缺失的。应该怎样给员工发放奖金？我们知道年度奖金的激励作用是滞后的，但我们无法在日常工作中及时激励员工——相关追踪工作是很难的。此外，管理者怎样成长为更好的领导？这是因人而异的。管理制度是否能达到预期？这是动态变化的。总之，在很多工作场景下我们都感到"知易行难"。这时，就需要"技术创新"来赋能管理创新。

### ❶ 创新应对沉疴旧疾

在涉及项目制管理的企业中，"持续提升项目绩效"是最重要的管理命题。在这一方面遇到管理瓶颈的企业，可以从雷神（Raytheon）公司的案例中得到启发。

雷神是美国大型国防合约商。公司面临的管理问题是：如何使项目不流于形式，取得更大的成效？公司持续多年推行"六西格玛"行动，实施了一系列以客户为导向的管理优化项目。经过分析发现，项目经理是项目绩效的瓶颈。由于无法及时、精准地发现适合特定项目的管理者，HR 常常指派某一级领导，依靠其职务的影响力来完成项目，然而这是非常糟糕的决定。由于"六西格玛"项目重在落地，项目经理不应该是挂名首脑；与之相反，富有影响力与推动力的人将带来更出色的业绩。

那么，问题来了，如何找到这些"对"的人？他们不能在公司的组织架构图上被识别出来，他们是被隐藏的"资源"。

## ❷ 雷神怎样选择项目经理

为了解决"项目经理最优化"问题，雷神公司实施"催化项目"[①] 行动。简单理解"催化"的含义，就是基于组织网络分析技术，找到隐藏在公司中富有影响力、推动力的人，让他们负责"六西格玛"年度行动中的重点项目，潜移默化地组建团队、提出方法并推动管理改善。

组织网络分析（Organization Network Analysis，ONA）是一种诊断技术。它通过记录通讯关系（内部 OA[②]、电话会议等）、邮件往来、日程安排等主要行动获取数据，形成由多个节点（节点代表人）和节点之间的连线（连线代表人与人的关系）组成的数据集合，并计算某类关系是否存在以及处于什么强度，从而得出分析结论。例如，ONA 可以识别"谁与谁经常（不）联络""当员工 A 需要询问或合作时会找到谁"等方面。ONA 向企业提供了一种信息网络地图（如图 2-6 所示），可以深入研究员工之间的互动与支持关系，且这个地图与正式的组织结构和工作职责无关。

| 工作网络 | 创新网络 | 社交网络 | 学习网络 | 专业网络 | 战略网络 |
| --- | --- | --- | --- | --- | --- |
| 在日常工作中，员工A与谁交流信息 | 员工A与谁合作或启动新想法 | 在工作与生活中，谁与员工A建立了友好关系 | 员工A向谁学习，改进现有工作流程或方法 | 当员工A面临与工作相关的专业问题时，谁提供建议 | 员工A向谁寻求关于未来的建议 |

**图 2-6　ONA 分析常用的 6 个网络**

借助 ONA 技术，雷神针对不同的项目需要，对数百名员工进行问卷调查与访谈。具体提问以下问题：在你完成业务目标的过程中，哪些关键人员（3 ～ 5 人）是你要求助或避开的？如果你有机会，谁是你最愿意在业务工作上合作的人？对加速提升业务目标，什么是你最好的想法？……在访谈环节，进一步询问上述关系的特点与频率，以及员工对公司加速提升和创新的想法。有时还

①　案例参照特拉西·科克斯，萧笙. 按图索骥：雷神公司的催化技术在组织网络中找到了动力 [J]. 中国质量，2009（8）：52-56.

②　办公自动化（Office Automation，OA）。

会收集其他有价值的信息，例如外部资源的名字。结合调查结果与系统数据，形成网络关系数据，再基于网络中心度等指数，识别出最佳项目经理的人选。

除了找到项目经理，"催化项目"还能深入发挥如下作用。

- **组建最佳项目团队**。不同项目需要的团队特点不同。例如，变革型项目可能需要"焦点人物"去协调一致；创新型项目可能需要"边缘人物"去引入新思路。因此，基于ONA分析，雷神初选30～50人，再对照不同的项目要求保留5～10人，以此标准完成项目组建。这与传统的立项指派、当下流行的揭榜挂帅等模式都不相同。项目成员往往相对分散，当项目需要跨职能、跨地域或高频协作时，这种团队组建方式的优势就更加明显。他们会得到更多的高层领导与一般员工的信任与支持。

- **识别潜在问题与阻力**。利用ONA分析帮助项目团队识别对项目工作可能有价值或阻碍的人和事，最大化地保障项目顺利推进。例如，有些员工在专业领域"单打独斗"，与团队内外的沟通较少（有可能存在信息"孤岛"），项目组就需要主动去关注他们的不同意见。

- **扩大催化优势**。ONA技术会向项目组持续输入有利于管理改进的行动建议，以项目组为"终端"，不断催化新的工作方式、新的管理角色、新的制度，以此推行新的手段和新的知识管理办法，产生更多管理价值。例如，指导项目组有效利用外部伙伴的专业技能、安抚贡献没有被正式认可的员工、对团队新领导给予该团队动态的快速描述等。

如果公司交给你一项任务，那一定是你最适合去做。"催化项目"重构了雷神的项目管理方式，将它从线性世界（命令链）带入了网络世界（信息网）。项目经理与团队人选几乎是基于项目需求的最佳配置，借助他们来推动项目工作，比"开大会""抓干部"等自上而下的传统项目管理方式要精准得多。

像雷神这样借助技术创新实现管理创新的例子还有很多。与行动创新和认知创新相比，技术创新的难度和潜力都更为巨大。因此，本书将其作为管理创新的第三层次，希望管理者能够予以关注，借势而为。

# 第 3 章
# 第一步：做好创新准备

　　创新还需要准备吗？非常需要，尤其在策略和团队方面的准备工作，对构建创新至关重要。偶然的创新看似不需要准备，实际上可以理解为得心应手后的结果。

　　"计熟事定，举必有功。"本书将"做好创新准备"作为管理创新方法论的第一步，对创新管理的理念与方法进行前置讨论，希望管理者意识到创新是可以被管理的——在略带固化色彩的流程方法中激发灵动的创意，将说不清、道不明的概念转化为有章可循的行动。

　　基于对管理创新实践的广泛研究，本章从目标、选题、周期、人手等方面提出 9 项经验性建议，帮助读者在具体行动前厘清思路、提示误区、指引方向。此外，很多企业常以项目制的形式推动创新。而立项管理具有强目标导向、大团队协作、重价值评价的特点，标志着企业内部在特定方向上深耕问效的一致信念。在这种情况下，我们更加需要做足准备，才能事半功倍。

　　**本章介绍人才管理创新七步法的第一步：做好创新准备。**阅读本章你会收获：

- 管理创新的六个策略
- 团队依托的三种形式

## 3.1　管理创新的六个策略

　　有些人会忘记管理创新的目的是解决商业问题，而不是自我陶醉，一定不要自欺欺人。

——亚历克西斯·芬克（英特尔公司人才智能分析总经理）

### ❶ 不反复创新

本书作者在实践中发现，有些管理者会围绕同一个问题"反复"创新，就像在连续"拍打"问题一样。这给员工的感觉是"总在提问题，没有解决问题""用提出新问题来解决老问题"。这种情况正在严重削弱"问题驱动"的创新价值。

具体剖析其中的原因，可能有以下四种情况。

● 目标过大，但每次都没有达成。例如激励问题、绩效问题等，经常是年年都在调研，但年年得不到改善。

● 跟风实践，效仿外部管理举措。例如敬业度问题、数字化问题等。由于没有明确自身目标，在实施"点状"举措之后，并没有规划好怎样深入应用并持续推动，导致工作滞留在问题之中，工作量不减反增。

● 频繁变化，不得不反复修改方案。例如组织扁平化、流程优化等。它们本身就是充满异议与争论的主题，如果管理者在面对组织上下、内外的不同声音中缺少判断力，就会持续调整侧重点，使自己疲于应对。

● 惧怕变革，不愿意进入执行阶段。例如减员增效、末位淘汰等。由于可预见的举措落地难度大，管理者只好选择拉长周期，减缓行动阻力。

如果创新目标不明确、不专注，即便是交给谷歌团队也很难顺利上手。事实上，这些困境不是无法避免的。例如，我们需要在启动环节，有意识地预判创新目标的可能性和可行性，不提解决不了的问题。清晰的能力认知和积极的能力升级并不矛盾，对两者进行平衡才能大幅降低管理创新的失败风险。

### ❷ 看到多维价值

创新除了核心价值（如解决某一问题）外，还可以带来多方面的收益。在设定目标时，关注以下"小"目标，发挥其凝心、聚力、提质、增效的作用，有助于增益核心目标的实现。

● 提高人气，汇聚人心。在组织中，大家多久没有一起做一件事了？人靠事连接，而创新工作可以提供这样的宝贵机会。以同一个目标为牵引，将员工从相对固化的组织结构中"请"出来，在一定的工作周期内与新同事合作；如果员工能持续加入多个创新项目，就可以借助这种流动性，大幅提升组织凝聚力。可以说，项目制是促进人才融合的核心方式。

● 赢得共识，增进理解。员工对一些管理工作其实并不了解。员工看到的管理工作一般都是最终结果，他们对目标、过程以及其中的局限与妥协并不理解。这加大了员工与管理者之间的距离感。因此，协同创新才能"Involve"（拉近，卷入）更多人，谷歌在这方面很有经验。在谷歌，HR创新项目覆盖大半数谷歌人，通过各种形式的深度参与，使人人都"懂"HR（的挑战与难处），而这比让HR"懂"业务更容易、更重要。

● 打破内外壁垒。管理创新的过程是对组织与团队的重构。例如，项目负责人可以在部门内的不同模块间轮动，在发挥专长的同时，补充全模块能力。通过跨部门交流，大家能够参与其他部门的会议、项目或活动，深入了解不同部门的问题和诉求。此外，还可以搭建外部沟通平台，定期拜访行业内外领先企业，与外部企业的对口部门建立共享伙伴关系，与资深学者、顾问建立即时便利的咨询交流方式等。

● 转变认知，赢得支持。管理创新不是某个专业部门的"技术活儿"，它离不开各级管理者的认知升级。管理者需要在思维与方法上都更进一步，才能给管理创新提供一个适宜的环境。此时最重要的有两点：一是耐心，不能急于问效；二是参与，即管理者躬身示范，员工才能够坚定地跟进。

● 磨炼团队，敢想敢干。最初的创新都要依靠一支从零开始的团队。在这一过程中，如果团队角色能够日渐齐备（例如，兼具把握全局者、计划监督者、内外沟通者、吹毛求疵者、情绪稳定者、职能大师、技术大咖等），大家就能够有效地处理分歧，就项目进程和挑战进行沟通……那么，团队价值就是最大的创新价值。这一团队势必会积极寻求机会并有能力在更多的工作中引领创新。

## ❸ 创新不能救急

我们都知道，谷歌以管理创新作为"Work Rules"（工作准则）。2009年，谷歌专门成立专注人才管理创新的实验室（People and Innovation Lab，PI Lab），并逐年实施管理创新项目（见图 3-1）。例如"谷歌 DNA"[①]"最佳面试官算法"[②]"最佳排队时间"[③]等。

**图 3-1　谷歌 PI Lab 的经典管理创新项目**

谷歌分析了这些项目的成功要素，其中一个重要的要素就是——周期不能太短，至少 9 个月以上。这主要有以下四个原因。

● 一是保障充足的论证。明确"为什么选择这个问题""问题是什么"以及"问题有没有可能解决"。不要小看这三个"明确"，很多项目"高开低走"，越干越迷茫，关键就在于此。

● 二是拒绝紧急项目。谷歌认为，管理创新要像预研项目一样没有

---

① 谷歌于 2013 年启动该项目，计划用 20 年的时间回答"谁是谷歌需要的人才"。

② 主要用于挑选出具有多次成功招聘经验的面试官，分析其面试行为和面试策略，根据参与面试次数、可靠性、反馈质量、录用后跟踪绩效等因素，综合构建面试官评价机制。

③ 为帮助员工在餐厅排队时，最大限度地利用排队时间与掌握所需要信息的人交流，谷歌专门分析员工排队候餐的数据，得出最理想的排队时间（3～4 分钟），并据此重新设计员工餐厅布局，人为制造有信息价值的"偶遇"。

"Deadline"（截止期限）的约束，没有领导催汇报。如果领导想得到一个问题的答案，那就只能尽早地启动研究。

● 三是筛掉没有潜力的项目。经过一段时间的验证后，选题不实际或团队不给力的创新项目就自行"关闭"了，团队没有动力或能力持续推进的项目没有继续的必要。

● 四是保留沟通时间。项目团队有余力去影响高管和员工，而不是闷头创新做方案。

因此，留给管理创新的时间不能太短，创新不能发挥"火线"价值。尤其从"改善"的角度出发，创新项目的持续推动非常重要，时间越长才越有价值。在实践中，如果领导提出要用几个月的时间"短平快"地实施一次管理创新，那么请你一定管理好他的预期，紧急交付不利于把控质量，反而会让人大失所望。

### ❹ 不要"一炮打响"

管理创新虽然需要雄心壮志，但是它不适用于早期尝试。很多管理者想一蹴而就，一上来就做"大项目"，甚至为此腾挪精力而暂停一些日常工作，结果陷入规模过大、无法落地的困境之中。

本书建议管理者积极创造短期的"项目胜果"。这些短期胜果会更快地在组织内外曝光，使项目获得一定的可见度和支持度，回应一些质疑和不信任，鼓励团队更加有效地学习合作，从而培育出一个有利于持续推动管理创新的工作环境。同时，最好关注一个关键群体，而不是覆盖大规模员工，过度吸引注意力，否则将造成难以统一共识与意见，导致举步维艰的局面。

一些富有经验的管理创新项目负责人，非常重视项目早期的知悉范围和项目与员工"见面"的时机。一旦把握不好这两项重点，要么会让项目直接夭折（遇"冷"），要么会在高度重视下频繁调整项目目标或路线，使项目陷入困境（遇"热"）。

## ❺ 一次解决一个问题

管理创新项目负责人可能最怕的是，高层管理者在计划解决的问题之外，再让你"多研究 1～2 个相关问题"。实践中这种情况非常得多，尤其在项目汇报使高层管理者非常满意时。他迫不及待地希望项目团队能够更多地解决自己的心头大事。从认可与信任的角度来看，这是好事；但从项目边界来看，这是坏事。项目不能包罗万象，无边无际。

- 首先，主体工作还没完成。这时项目团队至多完成了调查与分析，让高层管理者认可的是结论与建议，而不是改善成效。项目团队是否有能力解决实际的管理问题还是一个未知数，并不能确保该项目有具备承接新任务的条件。

- 其次，"滚雪球""移动靶"式的目标，使项目难以聚焦。如果在中期附加新的角度或层次，很可能对新问题缺少深入研究，最终使项目变成简单的分析报告，很难让领导对后续结果继续满意。

- 最后，创新的基础不是"百事通"，而是"专精深"。创新的价值不在于解决很多问题，而是彻底地解决一个问题。就像微软人才研究团队负责人道恩·克林霍弗（Dawn Klinghoffer）所说，我们需要约束领导"天马行空"地提问题，但要在最后给到他高于预期的成效，这样做才能赢得信赖。

## ❻ 全程保持沟通不息

在创新过程中，我们经常会因为赶进度而减少沟通、分享、倾听等过程。本书认为，除了必要的调查、反馈和宣贯等环节之外，创新必须重视"与人打交道"，沟通的环节应该多多益善。

- 首先，不要一头扎进自我分析之中。要始终倾听一些人的意见，以捕捉工作中随时可能出现的新需求和新思路。尤其要向内向的技术咖、焦虑的新人、即将离职的员工等群体重点询问并征集他们的意见。他们所发现的矛盾与冲突，并不比从业多年、经验丰富的专家少，甚至可能更有利于启发打破固有思维的新方案。

- 其次，放下进度表，允许打断。有时候，项目团队会主动减少沟通，以控制可能出现的分歧和异议，避免进一步发散思维导致项目停滞。其实，我们可以换一种思路，不必屏蔽信息，而是画一张表格，将沟通获得的信息放入不同的行动计划中，分工、分步地推进实施，如项目本阶段/下阶段关注点、风险点提示、其他部门建议、未来项目计划等。

- 最后，多与有影响力、视野开阔的人讨论，据此思考项目的长期目标，即在未来6个月、1年或3年以上的目标。每一次讨论并不需要完善、完美，而是可以依托这一群策群力的形式为项目积累战略性思考。

## 3.2  团队依托的三种形式

管理创新从创想到设计，再到落地实施，虽然也可以"因陋就简"，由一个人独立完成，但实际上是需要团队作为支撑的。下面，我们分别讨论管理创新团队的"高级配置""中等配置"和"最低配置"。

### ❶ 高配:"多边形"战队

一支理想的创新团队对"单兵作战"能力的要求很高。这也是很多企业对管理创新缺乏信心与热情的原因。前面提到，谷歌确立了创新团队的"顶配"标准:复合能力。与谷歌一样重视管理创新的领先企业，也有相似的团队配置目标，即在团队层面要实现全才（全面的专才）。对照图 3-2 标准，管理者在商业才智（例如市场意识、外部视野）、批判思维（组织政治敏感度、内部认知、利益相关者管理）、跨学科能力（心理学、财务、法律知识）、技术分析能力等方面，一般存在明显缺口。

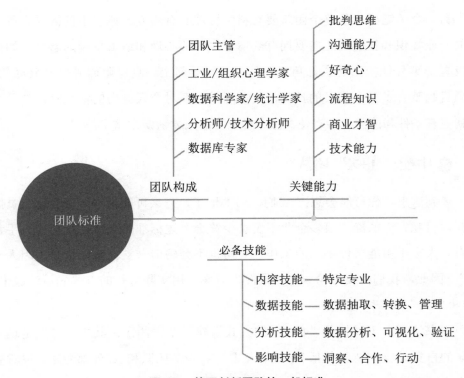

**图 3-2　管理创新团队的一般标准**

但是，是否补齐以上能力就够了？并不是。团队能力到位只是第一步，还需要一个出色的项目管理者和能够自驱的工作源动力。

最重要的是找到有兴趣和悟性来胜任创新工作的人才，对任务感到兴奋是很重要的。

——拉兹洛·博克（谷歌人力副总裁）

项目管理者是上述能力得以整合运用并发挥作用的使能角色。管理创新成功与否，在很大程度上取决于项目管理者。他是团队的引领者、推动者和激励者，通过有效发挥团队成员的能力，合理牵引协调，确保团队充满活力，取得卓越的成果。项目管理者并不一定是技术专家，但一定具备不俗的管理能力。

另一个关键要素是整个团队要对科学管理心有热爱。他们不仅需要具备一定的专业知识和技能，还需要拥有热情、执着的心理和追求卓越的态度。如果仅仅置身事外地扮演着执行角色，是无法知难而上、克服阻碍并坚持到底的。当项目制整合了各个成员的长处，大幅降低创新对个人能力的依赖时，项目团队就更有条件和能力支持有使命感、懂业务的人才跃跃欲试了。

## ❷ 中配："1+X"团队

读到这里，你可能会想："我们部门太忙了，怎么可能抽出一个专职人员做创新项目呢？"的确，很多企业不仅缺少符合上述标准的人才，甚至连人手都没有。大家不可能暂停手头的工作，公司也不会聘请一支完备队伍来"因人成事"。因此，我们需要讨论一个"过渡"方案，用实际可行的方式先启动起来，"以事聚人"。

本书认为，可以按照"1+X"的方式组建一个大团队。其中，"1"是现有团队的自身成长，"X"包括 $X_1$ 创新人才、$X_2$ 业务团队和 $X_3$ 外部专家。以谷歌标准为远期目标，通过自我提升做强"1"，通过整合力量做大"X"。

**首先，管理者要强化自我提升，打造"内核"团队，做强"1"。**主动升级传统管理技能，逐步配齐管理创新必备的思维与技能。

- 搭建成长平台。提供交叉培训等学习机会，让自己和下属走出部门，在不同领域中积累专业知识和跨界技能。通过外部数据分析课程、跨部门知识共享等方式，促进自身和下属的多元发展。

- 推动思维进阶。在当今时代，没有业务思维和科技思维的管理者不是好领导。理想的管理思维结构是"业务思维+科技思维+产品思维"。

- 促成角色转变。主动参与战略性会议或重大业务项目研讨。不再只关心自身工作，而思考如何从自身角度出发，基于业务场景来为企业创造价值。

### 亚马逊成立 HR 现场研究团队

亚马逊坚信，未来的工作都与员工体验有关。因此，公司创立人员体验和技术团队（PXT）。与大多数 HR 团队不同，这一团队充满活力，他们就像是 HR 部门的业务人员，会穿梭于车间，到现场去捕捉真实的情况和数据，发现业务问题和机会，收集客户反馈，不断对 HR 流程与制度进行迭代改进。该团队先后赢得两次贝佐斯亲自设立的奖项——"放手去做（Just do it）"奖，极富创造力和想象力。

**其次，主动引进创新人才，打造"预备"团队，做大"$X_1$"。** 很多管理者习惯性发愁：创新人才从何而来？本书认为有如下途径。

- 可以聘用具备复合专业背景的候选人，特别是具备业务经验、咨询能力或数据分析技能的人员。
- 可以关注管理科学、管理工程等专业人才。这些专业通过设置多学科课程，重点培养人才问题分析、数据决策和组织实施的能力，与管理创新工作的需要高度匹配。

**再次，赢得业务支持，打造"外核"团队，做大"$X_2$"。** 在管理创新三要素中，"调查"和"改善"都需要由业务团队"唱主角"。业务团队领导与骨干是创新的"大本营"，他们的加入可以避免关键问题被忽略、创新成果与业务需求不匹配、创新成果难以有效应用等致命问题。

改变人很难，除非你让他们参与进来。

——拉兹洛·博克（谷歌人力副总裁）

- 业务团队领导能够积极反馈问题并为管理创新把控正确方向。我们可以通过与业务团队领导建立定期沟通机制，了解他们的关注重点和实际困难，将管理创新的收益与近期业务的战略目标对接，强调创新成果对提升业绩的直接意义，从而赢得他们的支持。

- 业务团队骨干参与创新过程，可以让管理创新尽可能地贴合实际现象、解决实际问题。我们可以通过项目访谈，积极沟通阶段性工作目标，了解业务团队骨干对当前业务问题的看法，并依此指导工作过程。同时，我们还可以培养业务团队骨干中的"自己人"，通过提供必要的培训和支持，帮助业务团队成员形成管理创新思维，掌握关键方法，落地行动计划，甚至让他们直接上手完成一些具体工作。

- 在实务中，管理者都想让更多人参与进来，但怎么说服，以及以什么形式让大家参与进来，确实是一个痛点。在面对这一痛点时，最好的方式不是绞尽脑汁地提升业务方对管理创新项目的积极性，而是回到起点，审视项目目标是否从业务问题而来。

**最后，整合专业力量，打造"外延"团队，做大"$X_3$"。** 管理创新的专业力量，主要在企业外部：咨询公司和高校研究团队。两者的优劣势都较为明显。

- 咨询公司擅长调查诊断和方案设计。他们拥有丰富的实践经验，在问题提出与方法建议方面，擅于做出可行性判断。但是，由于咨询公司追求商业价值，耗时耗力的管理创新不是其理想的工作模式，因此他们不会主动"展示"创新能力，除非甲方公司明确提出要求，并给予充分支持与帮助。以全球咨询行业龙头麦肯锡公司为例，其在2012—2015年先后推出"超越绩效"与"健康体系"两大创新产品。基于大量企业的真实数据，麦肯锡定制化分析了适用不同企业的工作模式与捷径，但都没有如愿地使该产品成为新的业务支柱。以麦肯锡的品牌效应和研发投入都未能打开局面，那么大部分咨询公司自然更加专注于"重复"而非"拓新"，以避免创新类项目中的客户质疑和延期风险。

- 高校研究团队擅于体系构建与数据分析。他们具有丰富的理论积累与清晰的概念逻辑，创新能力突出，能够开放性地探索某一具体问题的解决方式，同时在数据分析方面掌握最先进的技术工具。但是，专业研究者缺少管理实践的牵引力。他们的研究主要服务于理论创新，而不是具体实践。囿于学科发展的要求和未知理论空间的压缩，研究者越来越关注"微观"，通过划小概念、厘清边界，在"变量层"辨识关系、构建模型，这样更容易操作、控制与量化创新项目，有助于给出确定的证明和建议，从而在理论体系中占据一席之地。但在这种情况下，学术研究与实践需求渐行渐远：一边是精细化、颗粒化的输出，在"变量层"活跃；另一边是日渐体系化、复杂化的需要，在"问题层"迷失。

由此可见，咨询公司和高校研究团队与企业没有形成合力。从意愿上看，企业希望解决实际问题，但咨询公司希望获得商业成功，研究团队希望做出学术贡献；从能力上看，管理创新需要支撑调查、分析与改善的全流程复合能力，而这些能力和优势并不集中在任意一方身上。因此，管理者并不需要具备管理创新的全链条能力，但要扮演好"架构师"的角色。即了解并把控管理创新的全流程，熟悉咨询公司或高校研究团队的专业优势，科学有序地进行分工协作，将内外力量整合到解决自身问题的主线上来。尤其在项目目标与方向、与高层和业务部门沟通、落地实施细节等方面，更不能将其甩手外部。这与通常意义上的项目外包有实质不同。

### 为什么麦肯锡提出"HR 翻译者"角色？

麦肯锡曾在 2014 年提出"HR 翻译者"角色，就"如何快速提升 HR 数据分析能力"表达了类似的观点。麦肯锡认为，具有分析思维（但不必具体掌握分析技能）的 HR 可以扮演"翻译者"角色，用以解锁高级分析项目的全部价值。"翻译者"是一座桥梁，可以把内外部的高级分析能力凝聚在一起，把项目的需求转化为技术要求，再把技术成果转化为领导者可以理解的观点，并据此采取行动。简言之，"翻译者"是一个项目协调员，核心在于"听得懂"并"说得清"。

麦肯锡进一步指出，为了扮演好此角色，"HR 翻译者"必须了解业务、理解数据，同时具有优异的沟通技巧和关系技能；这种角色安排让专业的人做专业的事，对提高工作效率、实现 HR 专业价值有战略意义。

### ❸ 低配：最小化团队

在最紧张的情况下，项目团队还可以更加精干高效。华为曾对 HR 提出"一个人可以活成一支队伍"的要求，强调优秀的项目 HR 必须有"端到端"的能力，能够自始至终地独立推进一个项目。当然，即便是一个人在"战斗"，没有任何团队伙伴，也要注意选择一些听众，否则非常容易进入"自嗨"模式，在一条错误的路上走到黑。

壳牌人力资源数据分析副总裁托马斯·拉斯姆森提出，创新团队应保持相对小的规模，比如 1～3 人。这样有利于使团队聚焦最重要、最有影响力的问题上，不至于使组织在短时间内获得很多研究发现，而又因超出其执行能力而无法实施。同时，他认为只有创新团队的人数少一些，才能创造跨部门合作的机会。对组织来说，技能和思想的交叉传播是极其有益的。

本书还推荐另一种最小化团队的配置思路：分阶段选人，不必一步到位。

- 在项目早期，管理创新侧重于问题选择、界定和框架搭建，1～2个经验丰富且对组织和业务有深入了解的人员，通过有效的问询和分析技巧，可以在此阶段发挥关键作用，独当一面。
- 在调查和分析阶段，可以引进专业技术外包团队，并积极依托业务部门员工的配合参与，共创共享。例如，可以选择有代表性的业务骨干5～8人，作为阶段性项目的成员加入进来，负责收发信息或分担某些专项任务。

● 在改善阶段，实践主体已经从发起者向试点部门转移，发起者更多发挥
着宣贯理念、沟通赋能、调整完善的辅助作用。前期参与项目的业务人
员恰好可以成为落地环节的干将。因此，此阶段并不需要继续投入更多
的人员了。

# 第 4 章
## 第二步：提出一个好问题

解决问题是小胜，提出问题是大胜。

近年来，国家大兴调查研究之风，提出了"瞄准真问题、下足真功夫"的要求。"真问题"，也是管理创新的价值起点。问题质量越高，创新价值才会越高。提出令企业长期困扰的问题能够唤起共鸣；提出新颖有趣的问题能够点燃兴趣，也可能得到出乎意料的结论；提出短周期、易操作、结果可控的问题容易得到支持；有时候提问本身就是解决方法，能够推动工作进展、统一理念共识……

会提问题，看起来不是难事。但能提出富有价值的"真问题"，并不是轻而易举就能实现的。这其中既有主观上回避挑战的顾虑，更有问题提出标准、流程与机制的缺失。最重要的是，企业内部的问题通常直接来自管理者的工作要求，这种自上而下、由内而外的问题产生路径，很难让人直接找准问题。还有一种情况是，大家根本没时间"提问题"，而是急于解决被推送而来的一个个"紧急"问题，常常处于"救火"状态。总之，缺少问题研究这一环节，管理创新就会事倍功半；找不准问题，就会始终在解决问题的路上。

那么，怎样提出一个好问题，为管理创新赢得开局性胜利呢？答案是——靠流程。能够提出一个好问题，就能一直提出好问题。我们虽然无法给出一个明确的"好问题"标准，因为"好问题"是个性化而不是标准化的，但是我们能够提供一套章法与流程。当大家习惯运用它来寻找、甄选问题后，"好问题"就可能以创意、灵感的形式自然地涌现了。

**本章介绍人才管理创新七步法的第二步：提出一个好问题。**阅读本章你会收获：

- "问题比答案更重要"的信念
- 正确提出问题的方法论

# 4.1　警惕四类陷阱

我们先从反向入手，剖析常见的问题陷阱，它们经常让我们白费力气。"陷阱"就是误以为找对了问题而实际上不是"真问题"的情况。失效的经验、不相关的事物和认知偏见等干扰因素，其实无处不在。基于实践了解到，下面四类陷阱覆盖超过 70% 的问题场景，我们将逐一介绍。在阅读本部分时，你可能会有强烈的代入感，但无须担心，本章接下来介绍的流程与机制将帮助你"规避"这些陷阱。

## ❶ 找错问题来源

如果问 CEO（首席执行官）"最关心什么问题"，他会毫不犹豫地回答："我的继任规划"；

如果问业务负责人这个问题，他会选择"及时配备胜任新任务的人手"；

如果问 HRD（人力资源发展）这个问题，他可能会选择"构建高效运作的 HR 工作体系"。

在大部分组织中，创新需求直接来自高层管理者。其基本模式是：领导提出要求，大家抓紧落实。这种自上而下的需求机制并不一定是武断的，但是会因不同角色关注点的不同而忽视更重要、更紧急的问题。同时，这也容易造成"管理意图驱动"的问题，即"你只给他想要的答案"。

我们还存在一个误区——以专业思维谋划创新。以字节跳动公司为例，2022 年，字节跳动公司宣布撤销人才发展中心。理由是该团队的工作与公司需要脱节：团队在履行培训职能时，局限于专业视角，离一线业务过于遥远；有些工作变成"过家家"的游戏；员工很忙、部门空转，但没有创造实际价值；这不仅浪费公司资源，还制造了很多噪声，浪费其他员工时间。

公司提出："人才的成长与发展依然是公司的重要课题，未来要以更务实的方式，研究如何做好这件事，要把资源聚焦在重基础、高杠杆的事情上，做事情的标准要更高。"字节跳动以这一公开举措，旗帜鲜明地强调了管理活动必须实现价值创造。如果不能解决"真"问题，"真"解决问题，就没有存在的意义。

因此，我们在选择问题时要有所判断——更关注谁的需求，面向哪个群体寻找问题。一般来说，问题的来源可以包括：管理者、客户、员工、对标企业、目标分解、调查数据和网络舆情等。

例如，在亚马逊，"真"问题具有鲜明的客户导向。亚马逊要求，在会议室必须留出一个空椅子，以此提示大家在讨论每一个方案时，都要审视这个问题是不是来自客户的真实需要。

又如，在麦肯锡，公司高度重视每一位员工的想法与建议。公司有一个"全员发声"的传统——Values Day（价值观日），至今已有 30 多年历史。在每年 6 月下旬的某个星期五，全球 4.5 万位麦肯锡人将放下手头工作，用一整天的时间，共同坐下来思考并讨论与公司战略、价值观相关的话题。麦肯锡中国区主席倪以理说："我确信，全世界可能找不出第二家公司，像我们这样让全体员工停工一天，专门探讨公司在下一年应该解决什么问题。毕竟选择正确的事，才会有坚定的行动。"

## ❷ 看不清假象

### 敲钉子的故事

这是麦肯锡顾问入门培训的必学案例，用以指导新手成为找问题的高手。

假设一位客户想外包一项任务——将一根钉子敲入木板中。客户找来 A 公司和 B 公司，了解各自的解决方案。A 公司是行业有名的专业咨询公司，有很多专家；B 公司则是著名的战略咨询公司。

A 公司代表说："A 公司简直就是为这类项目而生的！"随后展示了以往 100 次的成功案例。客户听得频频点头：A 公司方案有历史数据与经验支持，能够直接解决问题而且经济实惠。

B 公司代表连钉子都没看，开口就问了一个问题："为什么要敲这个钉子？"

客户回答："我们要把板子 A 和板子 B 连接起来。"B 公司追问："为什么要连接起来？"客户回答："我们要做一把椅子。"B 公司接着问："为什么要做一把椅子？"客户有点不耐烦，回答道："我们要用椅子在新建的会议室里接待客人。"

经过三个连续"为什么"，B 公司已经了解到客户敲钉子的真正原因和诉求。客户要解决的问题并不是连接木板，也不只是做椅子，而是要解决"在会议室待客用什么硬件"的问题。

在正确界定问题之后，B 公司和客户接下来的对话都围绕着用户群体画像和主要诉求进行。例如，怎样能使宾客在会议室里感觉舒适？是文化、舒适度、仪式感或便捷性等显性诉求，还是更为隐性的奢华感等心理满足？宾客对会议室硬件的要求是什么？在初步讨论宾客的需求之后，B 公司再与客户分享自己目前涉猎的具有国际视野的相关方案。会议室坐具除了椅子之外，还有很多可选方案，比如日本的榻榻米、韩国的坐垫、因纽特人铺在地上的兽皮、欧美复古家具或现代简约沙发、富含中国元素的庄重典雅的木制座椅等。最后，B 公司又谈到了未来的行业发展趋势。

毫无疑问，B 公司赢得了合作机会。

"只有一个锤子的人，看什么都是钉子[①]。"通过这个虚拟案例，麦肯锡希望新人不做"敲钉子"的人，以战略思维而不是专家思维来提出问题。战略思维的重点在于"为什么"要解决某个问题，而专家思维则往往把"为什么"当成已知条件，侧重于"怎么做"。这种思维方式会使解决问题的路径变得狭窄，结果常常都在意料之中却不符合预期。

除上述认知瓶颈以外，我们还容易被表面问题所蒙蔽。就像彼得·圣吉所说："因与果在时空上并不是紧密相连的。"我们经常会像下面案例中的技术总监一样，看到 A（项目进度落后）就认为是 B（缺人问题），而不会想到问题背后隐藏的关联——加班制度的变化才是影响团队状态的原因。

---

① 出自查理·芒格。

## A 公司真的缺人手吗？

A 公司从事数据系统业务，最近出现一个问题：项目开发进度严重落后于预期。技术总监认为人手不够，向人力资源部要求增加 HC（编制）。人力资源部计划构建一个基于业务量、能力盘点与人力配置的决策模型，以评估把控日益频繁的要人诉求。

但是，一位细心的 HR 观察到，之前技术团队晚上通常会加班到 8—9 点，最近反而都在 6 点一下班就走。他单独跟技术团队进行沟通，得到了真实反馈：公司之前从晚 7 点开始计算加班，但最近发布一项新制度，把计算加班费的时间向后延了 1 小时，从晚 8 点开始计算加班费。员工如果加班到晚 9 点，本来能拿 2 小时加班费，现在只能拿 1 小时，这个变化使团队感到不快，因此没人愿意加班了。

试想，如果 HR 真的一头扎进定编决策模型中，反而把问题搞复杂了。这种情况在实践中极为常见，提示我们在追求创新性地解决问题前，要认真地剖析问题的真相。以下述三个常见问题为例。

- 如何促进团队协作？实际问题是"消除协作阻碍"，而不是制定鼓励协作的激励机制。取消强制分布的考核方式、减少进度压力等阻碍协作的制度设计，团队协作很快就得到促进了。

- 如何减少高层次人才流失？实际问题是"减少内卷和内耗"，而不是想象中的"薪酬低、发展慢"。通过保护人才的专注力、控制打扰因素、减少事务性工作要求，比前者更加可行。

- 如何防止员工躺平？实际问题是"管理者的管理能力"，而不是针对消极员工制定奖惩机制。"躺平"员工的心结是管理者过于偏爱明星员工，忽视均衡发展。其中的关键不在于"问题"员工，而在于团队管理者能否合理地分配任务、资源和机会，提升员工的公平感。

### ❸ 混淆热点与痛点

照搬照抄别人家的问题与方法，只能留下被诟病的管理者、被耽搁的客户和被忽视的员工。

——程明霞（《哈佛商业评论》中文版执行主编）

高手做事，从不追求热度。近年来，来自企业的管理创新方法层出不穷，制造出了无数新鲜、时尚的概念。这些创新标志着技术在革新、理念在更迭，但它们却并不是可以简单复制的成就。

热点与痛点之间，很容易混淆。例如，数字化升级就是典型的热点，但并不一定是企业当下的痛点。很多企业为追逐这一热点，在管理基础尚未达标的情况下，深陷于数字化建设的浩大工程中，投入多、见效少，进退两难。又如，HR 三支柱模式也是热点，在 COE（专家）、HRBP（业务伙伴）、SSC（共享服务中心）的新定位与新角色下，一些企业难免忽视了新型体系与能力的匹配关系，在 COE 能力与 SSC 平台尚未建成时，大力推行 HR 三支柱模式，却使得 HRBP 难以真正发挥作用。类似还有 OKR（目标与关键成果法）、全面薪酬、人力分析、华为式激励、海尔式架构等，都在以并不理想的实践状态提示大家——热点速生速朽，痛点才值得关注。

#### 问题解决了，但问题不重要！

荷兰银行的 HR 总监希望发展领先的人力分析能力。为此他建立了一个工作小组，专门招聘了一名数据科学家。该小组由四名积极主动的员工组成。他们根据已有的数据和文献资料，深度挖掘数据，预测员工流失。在挑选了相关变量之后，该小组开始构建和清洗数据。几个月后，该小组已经能预测出未来一年内哪些员工可能离职，还可以识别出导致员工流失的因素，为管理者和 HRBP 提供建议。最终，他们创建了一个数据仪表盘供主要管理者使用。

然而，几乎很少管理者登录这个系统，更不会依据里面的信息采取行动，这让该小组非常困惑。在接受采访时，一名高管说："我并不认为这是一个问题。有人离职是可以的，因为这会让组织中的其他人有机会被提拔上去。"这些数据尽管很有趣，但对公司没有用处。

### ❹ 认为没有问题

没有问题就是最大的问题。这可能意味着从基层到企业管理层，问题很难穿透重重阻碍呈现出来。西门子公司就曾提出："只要管理层能知道员工怎么想，那就能成为一家伟大的公司。"

问题可能受困于以下两种"隐身法"，而这需要我们给予特殊关注。

**一种是组织沉默**。员工不要说、不愿说、不敢说、不会说。经济学家赫希曼在经典著作《退出、呼吁与忠诚——对企业、组织和国家衰退的回应》中指出，员工对组织不满时，往往会有三种选择：离职（Exit）、建言（Voice）与忠诚（Loyalty），并据此提出了 EVL 模型。后来，研究者进一步发现还有第四种反应——忽视（Neglect）。模型因此变成 EVLN。忽视就是员工的沉默行为。沉默的员工比抱怨的员工对企业而言损失更大。员工本可以基于自己的经验和知识提出问题、想法和建议，从而改善所在岗位、部门或组织某些方面的工作，却由于种种原因保留观点，选择沉默。在这种情况下，问题自然就"隐身"了。对组织而言，沉默意味着暮气沉沉的组织气氛：上下级之间的沟通被阻滞，合理化的建议被压制，负面意见被屏蔽，组织觉察和纠正错误的能力下降，最终损害组织的绩效。更大危害的是，越是资深优秀的员工，越可能选择沉默，并且很可能产生离职的想法。

有研究指出，应对组织沉默应从四个方面入手：创造员工的心理倾诉欲——"要说"；增进员工的组织支持感——"愿说"；提高员工的心理安全感——"敢说"和克服组织防卫、训练探询的沟通模式——"会说"。

**另一种是问题堵塞**。在当前工作的实际中，冗杂的汇报和会议是"阻拦"问题传递的主要障碍。杰克·韦尔奇就曾要求各级管理者，要多听"无准备"的汇报。他本人经常突然袭击式地参加某个事先并没有告知的会议，用以检验员工或管理者日常工作的投入程度和责任心，避免"有准备"的会议让自己看不到"原汁原味"的问题。杰克·韦尔奇要的是听真话、取真经、摸真情和解真题，而这些对任何企业都非常重要。

### 为什么亚马逊禁用 PPT？

贝佐斯认为，PPT 华而不实，容易让人忽略对问题本身的仔细研究和推敲，导致发现不了问题。具体而言，PPT 文字稀少，无法充分地表达想法，必须有人讲解才可以使对方理解；视觉效果与其说给人启发，不如说让人分心；PPT 有较强的诱导性，影响人的理性判断。亚马逊公司禁用 PPT 的要求说明，新兴管理工具有时会成为掩盖问题的帮手。我们要用其长处，避其短处，不为工具所累。

哈佛大学教授、信息视觉化权威爱德华·R. 塔夫特在其文章《PPT 的认知方式：金玉其外、败絮其中》中也提出了相似观点："即使想法不怎么样，善于表达的陈述者也可以引领团队同意；结构混乱的陈述会让人困惑，因而讨论会变得杂乱无章、缺乏重点，本来很好的想法却未能得到认真考虑；单调、乏味的陈述会麻木听众的大脑，他们会走神或开始查看电子邮件，因而错失潜藏于单调的说话声和平淡的图片之中的好想法。"

## 4.2　遵循三步流程

### ❶ 掌握三种方法

高质量的问题从哪里来？

**首先，从对标诊断中找问题是最常见的方法。** 组织诊断是对组织健康程度的扫描与把脉。每个企业都会运用不同的诊断体系、框架或工具，以求全面而深入地发现问题（如图 4-1 所示）。麦肯锡 7S 模型、华为 BLM 战略模型、韦斯伯六盒模型、京东五要素模型等，都是广泛应用的诊断模型。

| 价值 | 支持 | 协同 | 人才 | 激励 |
|---|---|---|---|---|
| ·组织是否清楚提升企业价值的要务 | ·平台支持所创造的价值是否与成本相当 | ·团队是否团结并且配合默契 | ·是否有大量高绩效人才任职于合适的岗位 | ·是否评估关键事项并将其与员工激励挂钩 |

| 架构 | 责权 | 变革 | 执行 | 文化 |
|---|---|---|---|---|
| ·组织架构是否反映企业的价值源泉 | ·重大决策的角色、责任和职权是否清晰 | ·是否有执行变革的能力 | ·在业务成功的关键环节，一线的执行力如何 | ·是否具有高绩效文化 |

**图 4-1　组织诊断基本框架**

在今天，找到一套相对完善的诊断工具已经难不倒我们，主要的困惑在于缺少实操经验。下面列举一些常见困惑及相应建议。

- 刨根问底还是浅尝辄止？很多管理诊断仅能得出表面结论。例如，招不到人才是因为薪酬低；人才活力不足是因为激励力度不够；人才流失是因为薪酬竞争力不足……这样即便诊断发现了问题，也很难加以解决。此时，只有进一步分析才能发现真正的问题所在，招不到人才是因为该岗位高配招聘但薪酬并没有同步，人才活力不足是因为事务性打扰过多使人才精力难以聚焦，人才流失是因为晋升通道堵塞等。

- 一年诊断还是年年诊断？有些企业今年诊断敬业度、明年诊断企业文化等行为，会带给员工"乘兴而起""3分钟热度"的感觉，很难推动员工积极发声。

- 自主诊断还是专家诊断？企业往往借助咨询机构实施组织诊断，虽然可能更加全面专业，但替代不了自主实施诊断的即时性和责任心。

- 怎么看诊断结果？单纯向内看问题并不准确，还需要对标外部。例如，离职率多少才值得警惕？薪酬到底有没有竞争力？组织人效处于什么水平？这类问题需要通过对标诊断才有意义。

**其次，从业务需要中找问题是最重要的方法。**我们以 HR 创新为例，业务部门实际上非常需要 HR 创新，只是他们对待 HR 的态度有所矛盾：既怕得不到 HR 支持，又怕 HR 过度介入会使其失去业务管理的自由度。这一点我们可以借鉴通用公司的实践。在通用公司，业务部门与 HR 之间的配合堪称完美。一位资深业务经理这样评价 HR："你不需要的时候感受不到他们，你需要的时候他们刚好在。"例如，为项目配置团队，是业务部门的刚需。通用公司的项目负责人只需要明确自己的用人需要，HR 就会在人才池中为他做出最优推荐：谁的能力、经验和时间最胜任这项任务，谁是优选和备选。这是精准到人的建议，说明 HR 不是高高在上的管理部门，而是了解每一位员工的服务角色。相比之下，我们很多企业也做人才盘点、也建人才库，却很少能够达到这一程度的专业支撑。大多数业务团队的组建至今仍然采取"帅点将、将点兵"的传统方式。

在通用公司，HR 通过多种方式开展业务调查，了解业务的真实需要，从而发现有价值的管理问题：

- HRBP 是首选，在一起工作就是发现问题的最佳方式；
- 邀请业务骨干轮岗或转岗到 HR 部门，培养懂业务的"自己人"；
- 定期调查业绩压力大的部门，为实现业绩突围，该部门一定会提出诉求；
- 调查新更换部门或团队的人员，此时他们的顾虑少，新思路多；
- 调查员工群体多元化的部门，例如社招比例大的、年龄结构分散的、新员工多的，等等，由于存在融合与冲突，大家会更敢于表达；
- 调查中等绩效的员工，他们既没有像明星员工那样受到制度倾斜，也没有像"躺平"员工那样对管理改善漠不关心，更有可能有什么说什么；
- 引入第三方顾问，适当减少内部对话的心理压力。

**最后，从关键人才中找问题是最直接的方法。**关键人才既是企业的核心价值创造者，也时常处于管理矛盾与冲突异议的核心。他们虽然占员工总数的比例较小，但是具备关注工作意义、重视职业发展、乐于争取机会、敢于挑战权威、不盲从、不迎合等总体特征。这些宝贵的品质有可能使关键人才成为管理环境和管理问题最敏锐的"探测器"。关注他们尤其能够发现重要且紧急的问题。在一些顶尖企业的人力资源部会专门设置关键人才管理岗（简称关岗管理岗），就是为了紧盯这一群体的需求，确保组织内部关键人才的良好体验。

## 如何对待"三高"人才？

某集团公司连续五年在校招工作中着力引进"三高"人才（名校、博士、成绩排名前 10% 的人才），以提升人才密度。但在实际的用人过程中，成员单位却叫苦不迭，纷纷认为"三高"人才既不好用，又留不住。

这一问题引起了集团人力资源部的高度重视。如果得不到解决，不利于带动人才队伍活力并迭代整体人才队伍质量。因此，人力资源部希望针对此问题形成创新举措，对五年来聘用的"三高"员工进行跟踪调查，具体分析用好人才、释放价值的对策。通过分析，人力资源部重新定义了"三高"：对名校与专业范围进行了调整，增加了综合性院校的基础学科；对博士学历进行了细化，明确不同专业对硕博士的不同要求；对排名进行了优化，侧重考察性格特征、职业规划等具体内容。由于及时发现问题并采取了行动，"新三高"人才的引进工作成为该公司加速培养高层次人才的有利举措。

值得注意的是，就像"三高"人才不好用这种情况一样，好问题通常以矛盾或不符合预期的形式存在。例如，高激励为什么反而会导致低绩效？投入大量资源进行员工培训为什么会没有效果？推行新员工导师制为什么会形式大于内容？这些"我们以为是这样，结果却相反"的现象，背后一般隐藏着牵引管理创新的原因和机制，值得我们深入探究。

## ❷ 评估四类问题

那么，在初步发现的众多问题中，如何进一步筛选出值得创新的问题？

我们参照波士顿矩阵，构建"复杂度—影响力"[①]矩阵（见图 4-2）。将问题划分为快速取胜（Quick Win）、"大赌注"（Big Bet）、低价值（Trivial Endeavor）、"宠物"（Pet Project）[②]四类。

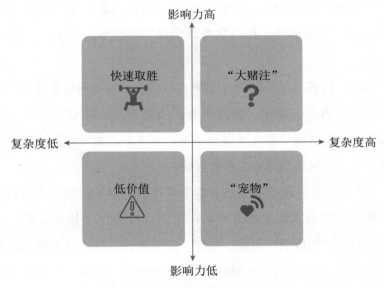

**图 4-2　"复杂度—影响力"矩阵**

- "快速取胜"类问题的复杂程度较低，影响力较高，是有信心在合理时间内推进并带来可观成果的问题。这类问题尤为适合作为早期的管理创新项目，有利于赢得支持并建立信任。同时，正因为它适合作为"破冰"实践，这类问题的成功经验也较为丰富，可以提供更多的经验参照。例如，提升员工薪酬竞争力、解决人才流失、促进新员工融入等问题。

- "大赌注"类问题是高度复杂、预计会产生较大影响力的问题。这类问题有巨大的不确定性。例如，项目可能需要在公司内外拓展关键性的人

---

① 复杂度以政治复杂度、技能复杂度、数据复杂度、技术复杂度、实施复杂度来衡量，影响力以覆盖群体规模、关注度、回报周期来衡量。

② "宠物"指根据个人或管理者喜好设计的项目，并非出自业务需求。

际关系才能顺利实施；可能并没有适合获取并参照的数据；可能在前期有推行失败的阴影；相应的工作职责与其他部门有重叠，可能受到质疑或制约；等等。这些都可能使"大赌注"类问题的创新过程相对艰难。

- "低价值"问题的复杂度和影响力都较低。最常见的低价值问题就是只分析、不落地的工作。这类问题除了工作量，不会得到更多的价值认可。

- "宠物"问题是复杂度超过影响力的项目。这类问题更多出于专业兴趣而不是来自业务需求。因此，有时会被误会为在进行部门空转或"自嗨"。对待这类问题应该谨慎处理，如果是积累专业能力的必要工作，则需要具体判断是否存在长期价值。

此外，上述四类问题的划分是非常个性化的。由于影响力和复杂度两个维度均基于企业的管理实际来进行判断，因此 A 企业的"快速取胜"问题，很可能是 B 企业的"低价值"问题。同时，四类项目之间也存在着动态的转化关系，一个富有经验的创新者或创新团队可能会通过"盘活"低价值问题，以实现"快速取胜"的目标。

### ❸ 征询三种意见

至此，离正式提出问题，还差最后的打磨与验证——听取三种意见。

**首先，听高层意见，最好以他们为导师或教练**。能找到一位对某个问题感兴趣、支持你和你的团队进行管理创新并提供策划指导的高层领导，是非常幸运的。一方面，高层领导洞察企业管理的要事并了解组织运转，能够提出对选题有益的建议与指导；另一方面，如果领导愿意提供深度支持，可能会进一步指导立题报告，在问题边界、方向上亲自把关，并提供关键人员的反馈信息，甚至可能还会在汇报时出席。如果有人提出相反意见，他作为支持者的作用就更为突出了。

高层领导为什么支持你？一般有三个原因：认同事，欣赏人，有希望。那么，怎样才能赢得高层领导的支持呢？在立题阶段，领导同意就一个问题开展创新论证，也只能是认同你的出发点，认为解决这一问题的确很有必要，而并不一定是看到多么翔实的方案。这就是为什么领导在选题汇报时只听前三分钟，因为他已经决定了。其次，如果你和你的团队能够让领导欣赏、尊重并信任你们的工作，那么他也不会吝啬为此投入一些时间和精力。最后，如果领导判断这一问题并不脱离实际，有一定的可行性，就更没有投赞成票的顾虑了。

**其次，听专业意见，让专家提供经验预判。**专家不会直接告诉你问题选得好不好，但是可以预判这一问题是否容易解决、是否已有理论支持、有哪些可以参照的经验以及过程中会遇到哪些阻碍。因此，即便不引进咨询机构或研究团队进行项目合作，也应该以专家顾问的形式进行研讨论证，征询他们的意见。

**最后，听外行意见，倾听跨界声音。**要走出"专家圈"，征求不同领域研究者与实践者的建议，这有利于寻找、选择并检验合适的研究问题，并判断其是否必要。有两类群体的建议值得重点参考：一是与这件事无关的人，没有预设思路，更容易启动创新思考；二是可能反对这件事的人，在倾听异议的同时，更有助于明确在接下来的工作过程中，重点需要规避哪些风险。

在硅谷流行着一种"妈妈实验"，指的就是听取外行意见的流程设计。产品经理为了让产品尽可能直观、简单，让"妈妈"这类年龄大、技术不敏感的人群也能很快上手，设计了这一环节，避免产品只解决技术咖的问题，而难以推广到大众。

## 4.3 配套三项机制

在最初尝试管理创新时，我们可以一事一议地，沿着上述方法与流程提出问题，开启相应的研究与实践。但是，这并不是最高效的工作方式，也无法满足日益增加的创新需求。那么，是否能够化主动为被动，探索建立常态化、自动化的"搜索"问题的机制，使有价值的问题得以持续涌现，为管理创新注入源头活水呢？当然可以。我们可以构建问题发现机制，简化问题提出流程。

下面三项问题发现机制，将为读者提供三种选择。总之，发现问题的方式在加速进化，处于不同管理阶段和管理环境的企业，都大有可为。

## ❶ 最小化创建数据库

大动干戈的数据调研往往是管理创新启动的一大障碍。为避免受限于数据，我们可以考虑像第 1 章提到的百度 TIC 实践一样，通过逐步积累数据资产，最终实现基于数据的"问题自现"。

据百度 TIC 团队披露，大多数企业基本依靠发放在线问卷、电子表格等传统方式收集数据。这种"即需即供"的调查模式，导致员工抱怨"总在填写问卷"。更重要的是，由于缺少系统规划，约 35% 的数据是重复采集的，约 20%的数据是无效的。[①] 例如，直接上级对员工的绩效评价是常用因素或变量，几乎是每个问卷的"模型必备"，不需要每次调查都重复询问；又如，职业发展规划是在一定职业经历之后产生的态度或倾向，在新员工一入职就对此展开调查，即便能识别个体差异，却不能稳定地预示他们的未来选择。因此，通过事先定义好的、可重复调用的数据体系来进行分析，很有必要。尤其当项目越来越多时，就更应该考虑数据的固定来源和基本架构了。

百度的"问题自现"与数据整合思路给我们很大的启发，但我们不必参照TIC 的体量与复杂度。最小化创建数据库，就可以帮助我们大幅提升发现问题的能力。那么，如何最小化创建管理数据库呢？

● **一是搭建基本架构**。以近两年和未来两年的管理重点为依据划定范围，整合各项目的调研问题和补充需求，形成基本数据库（如图4-3所示）。

---

① 数据无效的主要原因是预先收集的大量数据始终没有被分析使用，而大部分数据有时效性。

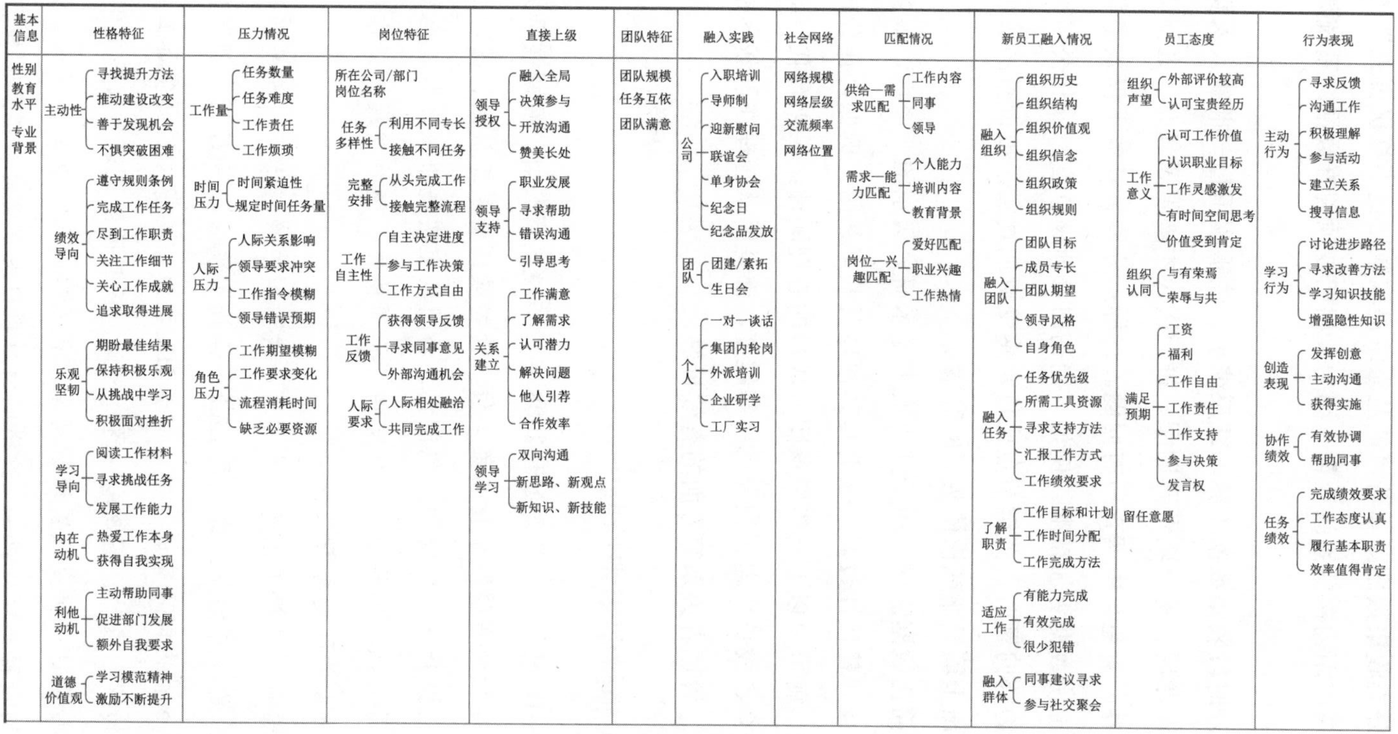
基本信息
性别
教育水平
专业背景
性格特征
主动性
寻找提升方法
推动建设改变
善于发现机会
不惧突破困难
绩效导向
遵守规则条例
完成工作任务
尽到工作职责
关注工作细节
关心工作成就
追求取得进展
乐观坚韧
期盼最佳结果
保持积极乐观
从挑战中学习
积极面对挫折
学习导向
阅读工作材料
寻求挑战任务
发展工作能力
内在动机
热爱工作本身
获得自我实现
利他动机
主动帮助同事
促进部门发展
额外自我要求
道德价值观
学习模范精神
激励不断提升
压力情况
工作量
任务数量
任务难度
工作责任
工作烦琐
时间压力
时间紧迫性
规定时间任务量
人际压力
人际关系影响
领导要求冲突
工作指令模糊
领导错误预期
角色压力
工作期望模糊
工作要求变化
流程消耗时间
缺乏必要资源
岗位特征
所在公司/部门
岗位名称
任务多样性
利用不同专长
接触不同任务
完整安排
从头完成工作
接触完整流程
工作自主性
自主决定进度
参与工作决策
工作方式自由
工作反馈
获得领导反馈
寻求同事意见
外部沟通机会
人际要求
人际相处融洽
共同完成工作
直接上级
领导授权
融入全局
决策参与
开放沟通
赞美长处
领导支持
职业发展
寻求帮助
错误沟通
引导思考
关系建立
工作满意
了解需求
认可潜力
解决问题
他人引荐
合作效率
领导学习
双向沟通
新思路、新观点
新知识、新技能
团队特征
团队规模
任务互依
团队满意
融入实践
公司
入职培训
导师制
迎新慰问
联谊会
单身协会
纪念日
纪念品发放
团队
团建/素拓
生日会
个人
一对一谈话
集团内轮岗
外派培训
企业研学
工厂实习
社会网络
网络规模
网络层级
交流频率
网络位置
匹配情况
供给一需求匹配
工作内容
同事
领导
需求一能力匹配
个人能力
培训内容
教育背景
岗位一兴趣匹配
爱好匹配
职业兴趣
工作热情
新员工融入情况
融入组织
组织历史
组织结构
组织价值观
组织信念
组织政策
组织规则
融入团队
团队目标
成员专长
团队期望
领导风格
自身角色
融入任务
任务优先级
所需工具资源
寻求支持方法
汇报工作方式
工作绩效要求
了解职责
工作目标和计划
工作时间分配
工作完成方法
适应工作
有能力完成
有效完成
很少犯错
融入群体
同事建议寻求
参与社交聚会
员工态度
组织声望
外部评价较高
认可宝贵经历
工作意义
认可工作价值
认识职业目标
工作灵感激发
有时间空间思考
价值受到肯定
组织认同
与有荣焉
荣辱与共
满足预期
工资
福利
工作自由
工作责任
工作支持
参与决策
发言权
留任意愿
行为表现
主动行为
寻求反馈
沟通工作
积极理解
参与活动
建立关系
搜寻信息
学习行为
讨论进步路径
寻求改善方法
学习知识技能
增强隐性知识
创造表现
发挥创意
主动沟通
获得实施
协作绩效
有效协调
帮助同事
任务绩效
完成绩效要求
工作态度认真
履行基本职责
效率值得肯定

图 4-3 基本数据库示例

- **二是分类收集数据**。本着"能从系统提取数据就不打扰员工"的原则，应尽量应用内部的系统数据。因为，相比专项调查数据，系统数据更加客观。

- **三是分时段收集数据（脉动式反馈）**。注重利用每一批新人入职、每一期培训课后、每一轮晋升调配、每一次人才离职等节点，进行访谈或发放问卷，避免集中调查所有问题。这样拆分调查任务不仅效率高、体验好，也使数据更加精准。例如，当询问培训满意度、成长公平性、薪酬竞争力等问题时，关键节点比日常感受更加真实，被调查的员工一般不会给出千篇一律或模棱两可的答案。

- **四是简化数据需求**。由于并不追求学术研究级别的严谨性，很多指标都可以找到替代性数据，从而与其他项目共享共用。例如，在分析团队氛围时，就可以以上一年度该团队成员的心理测评结果来替代。其中，心理安全、成长焦虑、领导风格等维度，都是团队管理在创新容错、晋升公平、管理者关系等方面的有效折射。

## 如何实施微型组织诊断？

希音（SHEIN）是一家成立于 2008 年的跨境电商公司，在胡润研究院发布的"2023 全球独角兽榜"中排名第 4 位。为持续倾听员工反馈，推动团队改善和管理决策，提升员工体验和组织能力，公司决定实施组织诊断，全面评估各个团队在公司文化、领导力、工作支持、沟通协作、绩效发展、工作认同、工作满意度等方面的问题与需求。

但是，希音不希望沿用传统的"运动式"组织诊断形式，而是创新采取了"轻量化"的微诊断形式，这就是 Link（连接）项目——每天开机"Link（连接）"一下，5 秒内即可完成作答。希音 HR 认为，要想得到更多员工的真实反馈，就必须持续、短时、高效地沟通。因此，项目团队采取了以下工作步骤。

（1）题目设计：研究设置诊断题库，并依据员工反馈更新题库。例如，在每日调查页面设置选项按钮——这个问题对我很有意义或我不愿回答。

（2）每日一问：通过开机弹窗的方式，每天向员工推送一道问题，匿名收集员工的态度或观点。这个问题必须高度精练。例如：我有机会通过承担更多职责或新挑战来获得个人发展吗？

（3）数据分析：敏捷获知团队健康数据，向管理者反馈"每日一报"，通过多维度分析，定位关键问题。

（4）行动落地：赋能管理者和 HRBP，深入挖掘出对团队最重要的问题，分析原因，并尽早地采取行动。例如：举办员工关怀面谈、组建专项行动小组、组织 Link 共创会等。

（5）员工反馈：向员工反馈行动计划、进展和结果，促进员工更积极地参与答题诊断。

### 美国在线实施情绪考勤

美国在线退休保险公司在员工考勤上大胆创新，改变了员工下班打卡的意义。在公司门厅内一共有 5 个按钮可供自由选择，如笑脸代表当天工作愉快，哭脸代表工作时感到悲伤等。每次的打卡记录其实是对员工日常工作情绪的记录。公司运用这些数据展开分析，结合员工的工作内容与表现，就可以追踪员工激励的有效因素，分析他们的晋升意愿和离职倾向，及时发现不满情绪并尽早进行干预解决。

## ❷ 启动神秘人机制

神秘人机制是借助神秘顾客检验服务水平，发挥监督改善价值的管理方式，其源于银行业和航空服务业。这一制度正在被重视管理创新的企业引入日常工作。

这一机制一般会选择不同层级、不同部门的匿名"员工体验官"。"员工体验官"围绕年度主题，主动收集员工声音，从员工视角发现问题，推动企业回应问题并实施改善工作，达到提高管理效率、提升员工满意度的目标。这一做法的"灵魂"在于以下两个方面。

- 一是坚持匿名。这既有助于发现真实问题，去掉管理"布景"，又能够使员工愿意"吐槽"而无后顾之忧。
- 二是双向选择。基于背景调查和综合测评，向优选出的数十名员工定向发放邀请函，以员工回函报名为准，确定最终人选。

以这种形式和原则组建的神秘人团队，才能成为一支置身战略高度、提升管理温度、加快改善速度的特殊力量。如果企业在数据层面暂时无法取得实质性突破，就可以首先尝试神秘人机制，寻找问题的发现者。

## 神秘人机制示例

为关注人才体验，全面了解员工期望，公司决定设置不同层级、不同类别的"员工体验官"，从不同角度出发查找管理"痛点"，为改进工作提供依据，实现精准、科学"理才"，具体方案如下。

**一、工作原则**

（一）以人为本。坚持依靠员工办企业，尊重员工主体意识，实时倾听员工"心声"，了解并满足员工的合理需求，构建引才留才的"磁场"。

（二）问题导向。以疏通管理"堵点"为工作导向，用科学的方法分析和研究问题，并到实践和职工群众中寻找解决办法。

（三）目标导向。瞄准增强员工幸福感和满意度的目标，聚焦年度主题，有针对性地开展调查工作，提交客观科学的问题报告，为改进工作和政策研究提供依据。

**二、年度体验主题及开展时间**

（一）本年度主题

主题一：差异化福利项目建议

主题二：高绩效员工诉求及解决方案

（二）体验时间

2022 年 8 月—2023 年 8 月

### 三、推荐条件及选聘方式

（一）推荐条件

1. 入职三年及以上的合同制员工。

2. 热爱与人沟通，团队意识强，具有较强的沟通表达能力，能够敏锐地发现问题，能较好地理解员工的观点。

3. 本专业业务能力较强，能够帮助公司检视制度、流程。

4. 具有较强的逻辑分析能力，能够设计调查问卷，采集体验数据，进行研究与分析并撰写《体验报告》。

（二）选聘方式

1. 自主推荐。各单位根据名额分配表，对照员工体验官的推荐条件自主推荐人选。初步推荐人选控制在 100 人，其中管理、专业、技术、技能序列的人数比例为 2：4：3：1。

2. 综合测评。制定测评量表，对初步人选的参与意向、责任心、组织活跃度、沟通表达力、分析能力、亲和能力等方面进行综合测评。

3. 定向邀请。经过背景了解和综合测评情况，向优选出的 20 名员工发放邀请函。按照双向选择的原则，确定最终人选（为保顺利开展工作，不透露职工姓名，让员工愿意"吐槽"而无后顾之忧）。

### 四、工作职责

（一）负责按照年度体验主题编写《个人行动计划》，并报人力资源部审查。

（二）负责配合人力资源部开展调查、访谈、分析和研究。

（三）负责在规定时间内提交高质量的《体验报告》。

### 五、工作计划与保障措施

（一）工作计划

1. 推荐人选。发布《员工体验官实施方案》，各单位、部门结合具体要求自主推荐人选。

2. 综合测评。开发并制定测评量表，推荐人选通过邮箱查看并开展测评，人力资源部进行相关数据的整合分析，必要时对个别人员开展在线面试。

3. 双向选择。向初步确定的人选发送《邀请函》，在确认本人意愿后确定年度员工体验官。

4. 专项培训。人力资源部制定培训方案，开设专题培训班，对员工体验官进行培训，学习工作标准，掌握工作工具，增强履职能力。

5. 开展体验。员工体验官提交《个人行动计划》，审查通过后，在人力资源部的统筹安排下，按计划开展为期 6 个月的体验和研究工作。

6. 撰写报告。员工体验官须在次年 1 月底前完成《差异化福利项目建议报告》，须在次年 5 月底前完成《高绩效员工诉求及解决方案报告》，完成后报人力资源部。

7. 成果输出。人力资源部与员工体验官团队结合个人《体验报告》共同撰写《项目体验分析成果及政策研究意见书》。

8. 评选奖励。人力资源部组织按照不高于 20% 的"优秀"比例对员工体验官的《个人体验报告》进行评选并给予奖励。

（二）保障措施

1. 提高站位，选优推荐。员工体验官通过项目化研究方式开展工作，为保障工作质量，请各单位、部门领导提高站位，认真研究并推荐人选，推荐能干事、会干事，责任心强、业务素质过硬、善于分析的优秀人才。

2. 关心关爱，支持工作。请各单位主要领导加强对体验官的关心关爱，提供良好环境，大力支持其开展工作，对本单位体验官所研究分析的优秀成果经批准可享受优先试点权。

3. 注重激励，推动作为。员工体验官年度内奖励学分 20 分；《个人体验报告》被评选为"优秀"的，颁发荣誉证书并享受年度福利星 2 颗，在单位（部门）原有指标中单列；对表现优秀的员工体验官，优先推荐为公司年轻骨干人才库人选；对于操作性强的好建议可考虑以体验官姓名命名。

### ❸ 运用新兴数据源

我们在几年前无法想象的数据源，现在已经越来越普遍了。除了 HR 系统产生的结构化数据和问卷调查所获得的主观性数据外，已有企业运用新兴数据来分析发现管理中的问题。这些新兴数据源包括：游戏、办公软件、传感器和可穿戴设备等。借助这些新兴数据源，企业可以获取更全面、更客观的员工数字足迹。

## 游戏化数据搜集

诀窍公司（Knack）是一家电子游戏公司，它推出两款游戏 App，可以在员工玩游戏时搜集大量数据，帮助企业全面分析人才。例如，你采取每个行动时犹豫的时间、行动的顺序、如何解决问题等，这些数据都会在游戏过程中被记录下来，并以此分析你的创造力、坚持力、从失败中快速学习的能力、安排事情的能力，甚至你的社交能力和个人品性等，最终形成对评估对象心智、才能、岗位适应性、领导潜能评估的详细画像。

## Kanjoya 公司实现情绪分析

Kanjoya 公司位于美国硅谷，它与斯坦福大学的科学家合作开发了应用于人力资源管理分析的自动化分析软件——情绪脉搏。这项技术可以发现在书面、话语交流中的意见、态度和情绪的微妙差异，检测员工对工作是满意还是沮丧、敬业还是怠工等。例如，通过声音识别技术读取会议录音，评判团队的合作氛围；通过对邮件内容的语义分析，判断公司的整体沟通风格；借助职场可穿戴设备（如手环）来跟踪员工的健康和情绪状况等。在一次加班补贴制度发布后，该软件向 HR 预警了较大的情绪"风险"，于是 HR 紧急撤销了新制度，在没有造成负面舆论和消极后果前，及时做出了补救。

# 第 5 章
## 第三步：快速研究破题

在提出问题后，我们不能基于经验迅速对其定论，或急于开展数据调查，而是需要花时间对问题进行研究、梳理、拆解、细化，将问题转化为清晰化、结构化、场景化的概念后，才能够着手解决。这主要有两方面原因：一是只有问题清晰而独立，才能进一步支撑访谈交流、理论参照以及对标实践，从而获得解决问题必需的信息基础；二是这样的问题易于操作和量化，能够评估创新改善的成效，提供及时而具体的工作反馈。因此，通过展开一轮研究来收集内部经验和建议，达成问题梳理、信息储备和预期判断等目标，是非常必要的。

本章介绍快速研究破题的三个举措，分别是开展专题访谈、梳理问题脉络和选择有利角度。通过上述举措，帮助读者深化问题认识，避免盲目推动创新的认知局限与路径依赖。

**本章介绍人才管理创新七步法的第三步：快速研究破题**。阅读本章你会收获：

● 快速研究破题的三个方法

## 5.1　开展专题访谈

访谈是一种最常见的管理研究方法，是接近、体验、理解和解释研究对象的最佳方式，其扮演的是"探路者"角色。我们可以借助多种形式、不同范围的访谈，广泛调查、深度理解刚刚提出的问题，把问题具体化和概念化，从而形成解决问题的初步思路。

*无论你是没有想法，还是有很多想法，你都需要先找人聊聊。*

——约什·马瑟 [1]

———————————

[1]　尼尔森（Nielsen）公司人力资源副总裁。

## ❶ 抽象问题具体化

一个抽象而宽泛的问题，既难以进行研究分析，又难得出有用的结论，更别提创新了。但是，企业内部提出的管理问题却都是这种"大而全"的问题。其实不同员工心目中原本对具体问题有不同的界定和感受，却习惯于以高度抽象的方式表达出来。因此，我们需要通过访谈，再将这些问题具体化，以供进一步研究挖掘。

### 人才活力的个性化定义

如何提升人才活力？这是一个难题。为了不大而化之地"应付"问题，A企业邀请30位员工代表进行深度访谈，希望了解"活力"这个概念在本企业的特定含义。结果发现，在A企业员工的心目中，人才活力并不是"一切积极状态的代名词"。大家的看法很集中，一致认为：

● 活力的内涵有两方面——创新的内驱力和失败的复原力；
● 活力的主体有三类人——自燃的人、点燃的人和阻燃的人。

这一调查明确了人才活力的个性化定义，因而极大地推进了解决问题的进程。项目组据此设计了针对性的调查问卷，问题紧密围绕创新的内驱力和失败的复原力两个方面，与天马行空、抽象地讨论"活力"相比，大幅节约了研究时间与精力。

### 人才流失的分解细化

2015 年，约什·马瑟被任命为尼尔森[①]人力资源副总裁（HRVP），他认为必须尽快地解决令公司困扰已久的人才流失问题。以往，HR 部门多次将这个问题提上日程，但都由于种种原因没有取得成效。通过初步了解，他发现有两个原因：一是对"流失"的定义不明确，不能量化就无法分析改善；二是没有

---

① 尼尔森是全球著名的市场监测和数据分析公司，在 100 多个国家设立办事机构，拥有约 4 万名员工。

依托业务团队，HR总是自己对着数据说话。

为此，约什团队找到了人才流失率显著高于公司平均水平的业务单元，与其负责人和骨干员工进行了深入沟通，邀请该业务单元中高离职风险的员工进行访谈。最终，他们将公司的人才流失问题细化为三类群体的流失问题。

- 问题一：年轻女性员工的离职风险高于男性
- 问题二：冷门专业或小团队骨干员工的离职风险较高
- 问题三：缺少横向流动机会的员工离职风险更高

通过积极沟通，约什团队既提出了三个具体问题，使后续研究路径更加清晰；又与业务单元成功建立了联系，避免再次陷入"闭门造车"的误区，为真正解决问题奠定了基础。

## ❷ 具体问题概念化

除了将抽象问题具体化，我们也常常遇到"问题太具体"，需要对其抽象化才能开展研究分析的情况。例如，如何解决多项目并行下的人员动态配置问题？如何解决导师制形式大于内容的问题？如何帮助新员工在入职第一年里快速实现融入和成长？这类问题很容易使我们陷入就事论事的细节思维，难以找到高度匹配的理论参照与实践经验，因而不容易打开思路。总之，越具体的问题，越会被划分到难以解决的范围里。

仍以上述三个问题为例，我们的思路基本会局限在激励机制上：人员动态释放，靠激励项目负责人；导师积极性不足，靠激励导师；新员工快速融入，靠激励直接上级……要知道，激励是最难操作且最容易失效的方法，不利于真正地解决问题。因此，我们需要将具体问题抽象化，在新的层面上研究问题。

### 如何管理新员工？

某集团公司年均入职应届新员工2000人左右。在近几年持续提升引才标准的背景下，该公司却发现新员工业绩、态度与潜力并没有达到预期。甚至有下属企业建议暂停应届生招聘，认为招新人不如用熟手。这一情况引起了集团人力资源部的关注。

经过初步研究，在召集内外 HR 专家研讨，调研新员工意见后，人力资源部发现，问题并不在于大家反映的方面，比如起薪低招不到优秀人才、新世代员工个性强难融入、人才培养周期长使新人看不到希望等；而是在于，公司对新人的动态管理没有做到位，在新人招聘与培养之间存在割裂。虽然公司对新员工实施了全面且丰富的迎新育才举措，但基本属于"前 3 个月热火朝天，后面就不管了"，这不利于引导新人快速适岗、融入集体，甚至导致了 3 年内的离职高峰。

因此，人力资源部将问题定位为"新员工动态管理问题"，并发起专项提升项目。该项目重点改善在新员工入职 1～3 年全新期、3～5 年次新期等两个时期的动态管理，基于新员工在不同阶段的成长需要，精准匹配管理支持举措。这一行动，将问题从静态概念转向动态概念，首次将新人管理周期延长到 5 年，对于集团加速人才培养、减少人才沉淀、提升人才密度等管理目标有重要意义。

## 如何实施动态激励？

为推动业务实现跨越式增长，某企业实施动态激励项目。起初，HR 从薪酬水平入手，基于年限和业绩，设计持续增长的激励方案，并明确不同职级的薪酬标准和不同增幅的薪酬规则。但是，在跟踪分析方案发布和运行半年后的两个时间点时，HR 并没有捕捉到员工从态度到业绩的积极变化。

为什么不见效呢？经过调查发现，员工最关注的动态激励，不是水平概念，而是结构概念。从入职开始，员工需求在不断地发生变化，内容丰富、成长导向、陆续解锁的激励项目，比单一的薪酬增长更能激励员工持续奋斗。最终，项目组构建了"三阶六力"模型，针对成长、成熟和发展三个阶段，分别设计了"提升能力、缓解压力、增强动力、集中精力、激发活力和不遗余力"的"六力"激励政策包，员工对此非常认同和满意。

此外，访谈不仅对理解把握问题有帮助，还能全面地收集意见与建议，摸底调查大家的期望与接受度。同时，访谈也不仅仅是"打头阵"，它可以贯穿管理创新的全过程。例如，在数据分析与结论提出环节，访谈可以辅助量化研究来解释结论，通过带入具体情境来验证、增加鲜活的案例来解读或补充不同视角下的不同看法，使分析结果更加准确、全面和生动，这是量化语言无法替代的。一些研究结论"放之四海而皆准"，或根本让人看不懂，可能就是缺少深入访谈的缘故。

### ❸ 训练深度访谈技能

访谈并不是"随便谈谈"，而是一项提问和倾听的技术。高质量的访谈可以加快推动研究进程，相对问卷调查、文档分析等方法，能获得更有价值的见解。同样一场访谈，有经验的访谈者和缺少经验的访谈者所获得的信息质量，差别很大。这主要体现在提问能力、维持主题、把控走势的能力以及在不同的受访者之间如何建立比较关系等方面。

我们可以重点参照以下技巧和方法（如图 5-1 和图 5-2 所示）。

**第一，访谈对象不要一次性谈完。** 由于不一定能够准确地找到"知情人"，或者需要先了解一些信息后再完善访谈提纲，就需要采取"滚雪球"策略，预留出调整访谈范围和内容的空间。一般情况下，首轮访谈对象不超过 1/3，重要的访谈对象尽量往后安排。

**第二，访谈双方做好事先准备。** 一般情况下，访谈为 30 ～ 45 分钟为宜，深入访谈则不超过 90 分钟。在这期间，研究者应尽量避免基础信息的重复提问，要事先了解访谈对象的背景信息和专业行话，并将调研提纲至少提前 2 天发放给对方；被访者应了解访谈目标和内容，还可以自行开展相关信息调查，在访谈时带来更多意见和建议，达到"访谈一个人、了解十个人"的效果。这些准备工作对提高访谈效率、提升信息质量非常关键。

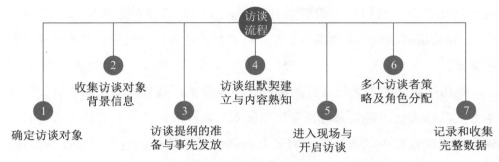

**图 5-1　一般性访谈组织流程**

**第三，分组或分角色访谈需要沟通一致。** 在访谈对象多、时间紧的情况下，如果采取分组访谈，需要确保逻辑性与口径统一；在访谈问题复杂、需要多角度挖掘信息时，应配置 2 人以上的访谈组，避免 1 人主谈的思维局限。

**第四，访谈问题要避免导向性。** 例如，"您认为平台应如何帮助各个企业进行连通？"这个问题带有明显的导向性：第一，对方可能并不认为平台提供了连通功能；第二，对方可能认为还有其他更重要的功能，如果限定在"连通"，就有可能浪费了一次发现不同观点的机会。如果受访者有意识地迎合研究者的意图来作答，就无法得到增量信息。

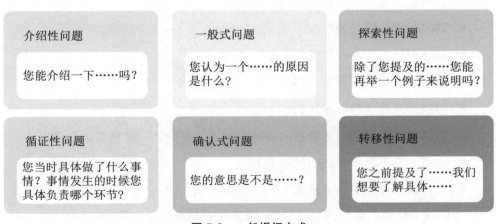

**图 5-2　一般提问方式**

**第五，访谈记录尽量完整。** 一般情况下，主要访谈人只能记录关键信息，因此至少需要安排一位记录人做全程的完整记录，并且在做记录的时候应尽量不被注意到（例如较大的键盘打字声、较明显的针对某类信息的记录动作）。在访谈现场认为不重要的信息，在之后的研究推进过程中并不一定真的不重要。

结构化访谈是事先设计好的标准化访谈方式，是目前公认的最有效的访谈方式。结构化访谈要求访谈者按照题本，以标准化、直线式的方式进行访谈。在访谈过程中，访谈者不需要对问题做过多解释，也不需要临场发挥，而要以同样的提问顺序、沟通语态和语调询问所有人，并且以设计好的编码方案记录答案。除了极少数开放式问题，很多问题也有选项限制。由于结构化访谈更容易将访谈信息转化为结构化数据，能够减小提问方式、具体情境等对结果的影响，同时能降低自由访谈的专业压力，因此高度契合管理创新的实际需要。

实践中，我们也可以采用半结构化访谈，即在结构化访谈的基础上，就部分具体问题进行深入讨论与即兴表达。这有助于在节约访谈资源的同时，尽可能多地挖掘有效信息。

最后，怎样对访谈效果进行检视和改善呢？我们可以自测以下问题：

- 访谈是自发的、丰富的、具体的吗？
- 问题是否清晰易懂？
- 问题较短而回答较长吗？
- 回答和所问问题有联系吗？
- 访谈是否经过精心设计？
- 访谈者是否根据受访者的回答进行跟进，并确认一些回答的含义？
- 访谈者是不是一个好的倾听者？
- 访谈者在过程中是否敏锐？

如果以上问题的答案都是"是"，恭喜你获得高质量访谈技巧和方法！

## 5.2　梳理问题脉络

为什么需要梳理问题？因为实践中的问题通常是错综复杂地缠绕在一起的（如图 5-3 所示）。例如，如何深度激发员工的工作自主性，可能涉及易于关注和改变的领导因素（如领导风格和组织文化）、激励因素（如奖励和认可制度），但也有可能涉及难以短时间内转变的制度因素（如组织结构和政策规定）以及个体性格因素（如内驱力）等。这些因素彼此之间并不独立，它们相互影响又相互排斥。又如，某种激励方式可能对员工的主动性产生积极影响，但同时也可能导致员工之间的竞争加剧，从而影响团队协作。这种多面性需要进一步研究细化才能形成有效判断。

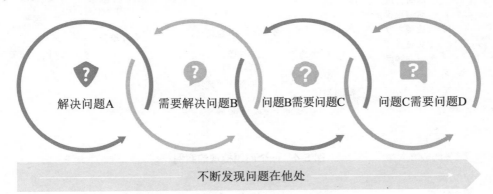

解决问题A　　需要解决问题B　　问题B需要问题C　　问题C需要问题D

不断发现问题在他处

**图 5-3　为什么需要梳理问题脉络**

因此，我们通常不得不处理多重因素交织作用的问题，并从中找到最重要的问题点。在初步选定一个问题后，应该梳理问题的前因后果，明确其在整体管理体系与实践中的位置，思考这个问题是不是独立的端口型、根源性问题。如果的确无法剥离相互作用的关联因素，将复杂问题转化为一个简单问题，可以重点从厘清先后、主次和利弊关系出发。

例如，针对"如何提升外包工作效率"的问题，某管理团队就进行了深入的问题梳理（如图 5-4 所示）。起初，大家认为影响外包工作效率的主要因素在于激励措施。但经过梳理发现，由于外包团队与自有岗位扯皮严重、返工频繁、缺少能力判断标准（造成派谁来都一样）与绩效标准（导致干多干少一个样），因此归根结底在于职责不清。据此可得出结论，激励措施不是影响外包工作效率的主要因素，厘清职责才是其主要问题。

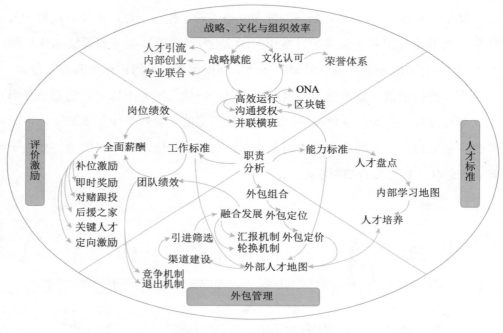

**图 5-4　一个问题梳理的案例**

# 5.3　选择有利角度

在专题访谈和问题梳理的基础上，我们可以进一步考虑，从哪个角度分析问题有更多的可能性和可行性。

### ❶ 确定问题重心

尽管研究问题已经明确，但角度和侧重可以不同。我们需要基于前期的判断分析，选择一个更有利于创新研究的层次或侧重点。简单地转换视角，能够使我们发现解决问题的突破性思路。

例如，如何提高工作效率？员工在面临这个问题的时候，第一反应就是"鞭打快牛"，担心自己提出的建议马上就会被用到自己身上，担心在下一个考核期会按照更高的标准来评价效率。因此，正向分析"如何提高工作效率"，就不是一个有利的问题定位。这时，如果换一种角度，反向提问"如何减少工作打扰和额外负担"，员工们就会侃侃而谈，积极协助项目组识别工作效率的损失因素。因为，问题与自己无关，但改善却对自己有利，何乐而不为呢？我们非常需要借助这种"一致的力量"，让被调查者与研究者站在同一战线。

又如，如何激发人才活力？员工会代入被"卷"的人设定位，不愿意直接表达激发自身活力的配套要求。因此，可以尝试提问"你最有活力的巅峰体验""令你失望的外部条件"等类似问题。当把各种情境下的活力体验与相应的条件对应起来，就可以梳理出不同活力水平的"开关"因素，从而实现研究目标。

还有，如何促进团队协作？对团队协作的激励总不见效，很可能是忽视了"竞争"因素。例如实施团队排名、采取绩效激励、充分配置人手等机制安排，非但不能促进协作，反而阻碍了协作。如果加剧了竞争氛围，团队协作便无从谈起。因此，可以尝试不从激励协作的角度出发，而从减少阻力的角度入手。例如，提高固定薪酬、减少绩效激励力度；由精细化分工向大岗位模式转变；保持人手精干、进度紧张的工作状态；在晋升标准中明确横向协作要求等。

此外，如何提升敬业度和满意度？企业经常借助员工敬业度和满意度的年度调查，了解公司员工敬业度和满意度的总体水平和负面因素。但是，一年又一年的常规调查，始终泛泛而谈，没有深入具体问题层面形成有针对性的调整改善措施。这时，可以尝试关联分析敬业度和满意度指数，以"敬满差值"来识别关键群体。例如，"敬业度高、满意度低"的员工值得敬佩，但长期来看对保留人才极为不利；"满意度高、敬业度低"的员工可能属于"有才不用"，对工作吝惜投入，不愿意亮出好想法和真本事，应该及时对其激励或淘汰。聚焦研究这两个群体，以缩小"敬满差值"为工作目标，比笼统地分析全体员工的两个指数更有价值。

再如，什么原因导致项目失败？员工在面临这个问题的时候，也会有所顾虑，三缄其口，担心自己分析的失败原因不够客观，或者不小心否定了他人。因此，正向分析"失败原因"（"故障树"），不如反向分析"成功保障"（"成功树"）。例如，提问"如果没有做哪些事情，会使项目结果更糟""在下一个项目中，应该坚持哪些宝贵经验"，将更有可能打开员工的思路。

### ❷ 确立研究思路

首先，研究不止一种类型。虽然我们对定性研究的印象最为深刻，但它只是其中的一种。在定量／定性、验证／探索这两个维度上，本书认为主要有四种研究思路（见图 5-5）：

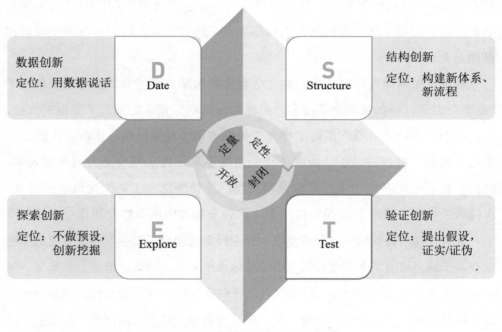

**图 5-5　管理创新的 DEST 定位矩阵**

- 在定量/定性的维度上，管理创新包括数据创新（D 型）和结构创新
  （S 型）；

● 在验证/探索的维度上，管理创新分为验证创新（T 型）和探索创新
（E 型）。

**数据创新（D 型）是管理创新的主要形式**。选择数据创新，旨在通过寻找
相关关系或因果关系，具体论证关系强弱与成立条件，来推动创新举措。例如，
什么真正地影响了员工敬业度和满意度？哪些培养举措更有利于人才成长？什
么因素造成了不同团队之间的创新与协作水平差异？

数据创新具备"数据驱动决策"的优势，有丰富的前沿企业的实践经验做
基础（例如，谷歌就是数据创新的代言人），符合数字化的管理趋势，因而比
较适合管理创新初期。本书实际上以讨论数据创新为主。

**结构创新（S 型）旨在构建体系或优化流程**。例如，如何打造内部人才供
应链？如何构建一体化职能管理体系？这些问题并不依靠数据解决，而是依靠
模式设计、要素匹配和机制开发。实施结构创新，更加需要结合企业自身实际，
解决自身的个性化问题，因此几乎没有可以遵循的流程与方法。

在华为，管理创新基本以结构创新为主，数据创新非常少。这可能与华为
管理文化中的流程基因有关。相对于数据创新，结构创新并没有可以遵循的方
法论，因此本书后续便不就结构创新做深入讨论。下面列举一个华为的案例，
简要介绍结构创新的思路与方法。

## 华为如何管理人才供应链？

作为项目型组织，华为一直在努力探索更有效率的内部市场化资源调配机
制，以真正解决"一线呼叫不到炮火"的问题。在心声社区和各项调研中，员
工一再反馈"一线吃紧、机关紧吃""公司空载/吃水线居高不下"等问题。公
司领导也在多个场合强调"以项目为中心""平台＋团队""透明的资源与能力
中心""资源市场机制"等转型要求。因此，如何打造一条科学高效的项目人才
供应链，成为华为 HR 的第一议题。

2019 年，"人才供应链"（Talent Supply Chain，TSC）项目正式启动。项目
组希望构建一个 30 万名华为人共同面向作战项目的人才供应系统，在部门、项

目和员工之间实现资源的快速配置。TSC 的运作逻辑是：

- 所有人才在网上可视，特别是技能、忙闲等信息；
- 项目经理根据项目需要，选择合适人才进入项目；
- 项目成员进入项目后，每周填写工时，工时可以衡量项目工作量；
- 项目结束后，项目经理释放项目成员，并对其工作情况进行评价；
- 最后，根据定价规则，按照工时进行部门间结算。

在厘清逻辑之后，项目组进一步梳理流程与能力，体系框架见图 5-6：

**图 5-6　人才供应链体系框架图**

- 顶层是人才供应链的愿景和价值，公司战略与业务战略决定需求；
- 主体是5项核心能力，包括人才上架、资源部署、资源计划、项目评价、资源定价与结算；
- 运营与管理模式指支撑人才供应相关的组织设置和流程建设，基于人员利用率（UR）和资源满足率两个关键指标来衡量人才供应效率，同时开发相应的IT应用工具。
- 基础支撑包括技能分类和人才上架。通过技能分类生成各个体系的人才技能标签，通过人才上架给每个人都"打"上技能标签，使人才技能可视，这是衡量待调配资源进而实现人才调度的基础。工时是衡量资源投入情况进而实现资源结算的基础。

● 体系以文化为底座，并能与周边流程顺畅衔接。

在搭建架构后，项目组进行宣贯落地，以人才上架为起点，推动 TSC 实际运转起来。

● 首先，员工的积极性很高。大家在IT系统上完成个人技能注册，晒出各自擅长的领域。这不仅有利于项目挑选合适的人才，也利于员工个人明确技能差距，有针对性地进行学习和成长。

● 其次，项目组持续配套行动指南。例如，在具体评级时，明确设置能力自评和主管设定目标等级两个步骤；当员工技能发生变化的时候，员工需要及时注册更新。又如，在资源部署时，项目组设置按技能申请、指定资源申请、公开招募、定向邀请、按任务申请等5种方式，确保覆盖资源配置的不同情形。

● 最后，为支撑体系便捷应用，项目组协调开发了IT系统。以iResource为主，iTimes、P&A、iHR/WeLink[①]为辅，为员工提供了较好的应用体验。

经过几年运行，TSC 使"项目主战、部门主建"的组织模式得到有力支撑，成功打破了人员在职能部门的板结。截至目前，研发领域完全能够通过工时系统实现资源部门与经营部门基于项目的结算；对于难以结算的平台部门，例如人力资源、法务、财务等部门，也可以以公摊的方式进入项目。TSC 越用越准，UR（人员使用率）基本保持在 70% 以上。作为项目化组织，华为终于找到了人事相宜、平稳运行的底层机制。

---

① 均为华为内部办公软件的英文缩写。

借用美国物理学家蒙洛迪诺的说法，人通常有两种研究思维：一种是"律师思维"，先下结论，然后再进行论证；另一种是"科学家思维"，先基于信息得出结论，再扩展认知。因此，这两种思维又能将管理创新分为两种类型：验证创新和探索创新。

**"律师思维"对应的是验证创新（T型）。** 验证创新是从提出假设到数据验证的创新过程。它适用于对管理现状有较深的认识、有清晰的假设和应对思路的情形，创新成果一般是理论的检验或对认知的纠偏。例如，某大型制造企业面临着团队协作和项目管理的挑战。首先，管理者从团队合作过程中的关键性问题开始，梳理沟通不畅、决策缓慢、项目进度延迟等问题，记录问题发生的频率、影响以及可能的原因。下一步，通过观察和对数据的归纳和分析，发现主要问题在于决策过程的不透明和缺乏参与度。最终，基于分析结果，管理者制订了一项行动计划来提升管理效能。这种从现象产生假设，再通过数据和观察验证假设的管理过程，就是验证创新。

**"科学家思维"对应探索创新（E型）。** 探索创新是从现象到模型的过程，适用于求解复杂问题和分析长期方案，认为当前既存在认知瓶颈，也无经验可循，创新成果一般是新理论的生成或新方法的发现。例如，奈飞（Netflix）在创新管理模式时，实施了一种"自由度与责任文化"的管理模式。该模式鼓励员工自主提出更加灵活的有利于创新的工作方式，管理者根据员工的工作方式和业绩进行分析、对照和开展访谈，从而获得行之有效的行动方案，并在全公司范围内推广。这一过程不涉及假设、不拘泥于理论，经过探索自然而然地实现了创新机制的涌现。

那么，如何具体定位我们的目标类型呢？这取决于问题需要和管理基础。在面对具体问题的时候，我们需要判断，解决问题需要数据还是流程方法？目前是成熟思路有待论证，还是需要从零开始地探讨？这其中的关键，既在于我们是否选择了所需的模式，也在于我们能否一以贯之地坚持下去。

- 例如，在D型和S型创新之间，常有企业过于追求"数据驱动决策"，而忽视了"流程驱动改善"。因此，管理者应高度关注解决管理问题的关键，到底是存在不了解的员工态度、不确定的作用机制、不匹配的工具方法，还是缺少一套更合适的体系或流程。切忌想当然地认为数据创新就是比结构创新更"高大上"、更容易见效。

- 又如，在T型和E型创新之间，常见的实践误区是：在探索性定位下做验证创新。管理者有时会带着来自高管或专家的预设结论或直接排除某些结论的固有观念，但这实际是在验证而不是探索。这种努力证明"自身正确"的创新过程，非常不可取。

# 第 6 章
# 第四步：寻求理论支持

理论是管理创新的加速器。在研究破题之后，接下来就是创造性地把问题与更多可能的、未曾想到的因素建立联系。这种向外关联、打破认知的创新过程，迫切需要理论支持。理论能够快速地给出最大化、结构化的可选方案（如图 6-1 所示）。

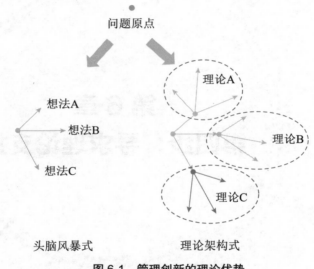

图 6-1　管理创新的理论优势

一个问题到底与什么有关？一般的思考过程是按下述流程发展的。

首先，无论面对多么复杂的问题，哪怕毫无知识储备，或者没时间仔细思考，我们也会基于经验先作出一个初步答案。例如，员工缺乏活力的原因可能在于激励不足；团队效率低下的问题可能出在协作不畅；组织文化无法落地的阻碍可能在于人员流动过于频繁等，这都是初始假设。大多时候它们并不准确，也不足以支撑问题的解决。然后，以初始假设为起点，我们开始尝试关联一切可能与这个问题相关的思路与结论。我们实际上启动了概念思维和结构思维，并且在构建一个新的管理模型。通过全面搜索相关理论，判断前因和后果（即什么影响了它和它能影响什么），最大化地扩展相关的因果关系。此时，我们就离创新解决问题更近一步了。

对管理理论与实际需要的认知与连接水平，决定了管理创新能力。很多管理创新的背后都有理论在支撑。例如，当用重金奖励优秀员工时，背后是一套物质奖励能够强化绩效的理论；当给优秀员工一个更具挑战的任务时，背后是一套挑战性任务能够强化内在动力，从而持续提升绩效的理论。管理者面对不同的问题情境时，实际上不自觉地扮演着理论的建构者和验证者。

**本章介绍人才管理创新七步法的第四步：寻求理论支持**。寻求理论支持包括三个步骤：构建理论基础、绘制概念地图和模型化表达。希望能够借助三个步骤将这一"脑洞大开"的创新思考过程显性化、操作化，为读者提供一条清晰的学习与实践路径。

阅读本章你会收获：

● 提升理论水平的捷径

● 构建管理模型的方法

## 6.1　构建理论基础

理论可以为创新提供已知结论和成熟框架。如果对理论的认知仍停留在枯燥死板、脱离实际的层面，理论就很难帮到你。缺少主导理论的管理创新就像是"无源之水，无本之木"。选好理论参照，对建立一系列逻辑链条以高效推进"从 0 到 1"的问题解决过程有很大的帮助。为了快速提升理论水平，我们可以通过阅读经典、与专家交流、研究立项等方式，结合日常的主动积累，逐步建立起相关领域的"理论池"。

### ❶ 理论是创新捷径

理论是研究者通过一系列访谈归纳和实证演绎的方法对现实世界进行解释

的过程。好的理论都源于扎实的实践，并极具实用价值。《管理学中的伟大思想：经典理论的开发历程》一书剖析了经典理论的构建过程。例如，著名的目标设定理论就是埃德温·洛克（Edwin Locke）和加里·莱塞姆（Gary Latham）以持续的实证研究为基础来建构的。这一理论描述的是行动者如何在"设定目标—采取行动—获得反馈—修正目标和行为"的循环中实现目标[①]。在书中，他们回顾了理论的提出过程。他们看到 Herzberg 的双因素理论仅仅依靠两个访谈就匆匆提出，感觉不够严谨，于是在构建目标设定理论的过程中，他们扎扎实实地做了 30 多年的实验，通过严谨的研究和数据，逐渐打破固有观念、构建理论。正因如此，目标设定理论是管理学中最为扎实的代表性理论之一。

格雷格·奥尔德姆（Greg Oldman）和理查德·哈尔曼（Richard Hackman），于 1976 年提出的工作特征理论也经历了漫长的构建和修正过程。该理论用于解释工作任务特征[②]如何影响员工的工作态度和行为。直到现在，它都是从工作设计角度激励员工的理论基石，影响了许多管理者根据自身企业实际设定工作项目，从而激发员工活力。

实践价值决定理论价值。如果认为理论"不好用"，那是因为"不会用"。这其中主要有两个原因：一方面，理论是情境化的，需要对照自身问题进行"剪裁"匹配；另一方面，理论是发展的，不能只了解理论"是什么"，更要了解理论"何时成立"。如果能够关注到这两点，我们就能够从理论中受益。

在理论的指导下，我们能够迅速建立起一个初始框架，将问题在概念层面进行定位、解构，并与其他相关概念关联起来，避免从零开始重复研究。

---

① 这个理论的核心内容是：当业绩目标明确且困难时，能带来高水平的绩效。这个早在 20 世纪 60 年代就开始构思的理论发现了目标对绩效的作用。虽然在今天，管理者都知道要给员工设定清晰具体的目标，然而在 60 年代，这个思想相当前沿。

② 该理论包括 5 项工作任务特征：技能多样性（完成该任务需要哪些不同的活动）、任务同一性（一项工作能从头到尾负责的程度）、任务重要性（这项工作对周围人的影响程度）、自主性（安排工作和制定工作的实施步骤时，给员工自由独立和随意的程度）、反馈（所获得的关于工作表现的信息）。这 5 项特征通过影响员工对工作意义、责任和结果的感知，从而影响工作绩效、工作满意度和离职率。

例如，如何提升员工敬业度？基于 3S 理论，可以从宣传、留任、奋斗三个维度入手。即，员工是否用一种积极正面的语言来描述公司、同事，以及他所从事的工作（Say）；员工是否希望能长久地待在公司，而不是把现有的工作作为临时过渡（Stay）；员工是否愿意花额外的心力致力于那些促使公司获得成功的工作（Strive）。这三个维度是众多敬业度影响因素中最有解释力和预测力的因素。

如何提高管理效率？基于精益管理理论，对 7 种生产浪费进行迁移分析，以此识别 7 种管理浪费：返工与不达标、不执行、怠工、推脱、等待、低水平投入及内卷。例如，"等待"指工作切换、拖延决策、忙闲不均、不必要的检查询问等情况。消除这些管理浪费的方法就是提高管理效率的方法。

如何保留人才？我们面对这一问题很容易发散，认为方方面面都是留才的因素。但是，内驱力理论给出了对保留知识型人才的关键答案：个人价值感、有意义的工作和积极的工作环境（如图 6-2 所示）。

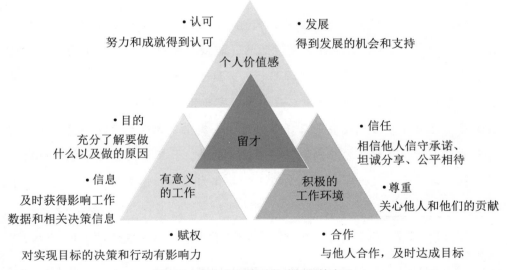

**图 6-2　内驱力理论对留才问题的启示**

如何增强工作乐趣？工作承载着人们对美好生活目标和自我价值实现的追求，但现实却是，工作和乐趣几乎成为对立概念，因此员工的工作乐趣弥足珍贵。游戏化管理理论提供了解决这一问题的独特视角。游戏一般基于由史蒂夫·杰克逊开发的泛用无界角色扮演系统（Generic Universal Role Playing System，GURPS）进行设计，具有泛化[①]、无界[②]、角色扮演[③]和系统性[④]这四个特点。概括起来，游戏真正吸引人的核心特征是：规则简约、自主性和创造性。如果这些特征映射到工作场景之中，就是自主化、互动化、过程化和可视化。这一框架实现了"兴趣驱动工作"与"工作激发兴趣"的双向结合和循环激励，提供了工作设计与内在激励的新思路。

## 游戏化工作设计

网易公司在创新方面尤为推崇"自主化"，因为新生代员工对工作的自主性几近狂热。他们会自发组建3～5人的兴趣小组，在没有经费支持甚至自掏腰包的情况下，愿意利用空余时间进行产品与技术创新。很多明星产品线都起源于这种模式。大家认为，这种创新不受领导想法、制度规定、流程审批的限制，"我负责，就能自主；我自主，就更容易成功"。

盛大公司从自身游戏业务中更加深刻地领会到"互动化"和"过程化"能带来"痴迷"。因为，如果缺乏交互过程，游戏玩家是提不起精神的。基于这一点，公司推出了游戏化员工管理平台。在这个平台上，血条代表经验值，成长进度条显示经验值的增加速度。平台每日发布新的工作内容及可挣的经验值，员工可以通过在平台上完成每日任务或为他人提供协助来积攒经验值，同时还可以看到经验值英雄榜、福利假期等栏目。此外，员工在经验值累积到一定等级时就可以晋升。这个平台与机制将工作转化为任务、协同与成长，使员工永

---

① 泛化是指只定义一套简单明了的系统规则，但能提供多种不同的菜单式备用规则，让玩家在规则内依喜好而自由自主地组合。

② 无界是指提供支持各种创造的虚拟平台。玩家可以创造出属于自己的奇幻、科幻世界，也可以创造有关电脑黑客的、超人英雄的甚至时光旅行的故事。

③ 角色扮演是指玩家可以自定义角色来代表玩家特性。

④ 系统性指一方面规则恒定，不会不断地推出更新版、修正版，让玩家无所适从；另一方面，玩家又可以自主地用足、用好、用活规则，不受限地创造出属于自己的世界。

远在过程中追求"更好的自己"。

脸书（Facebook）认为"可视化"更为重要，它可以让员工在追随内在兴趣的过程中时时看到改善和可能性。公司开发了一套可视化的工作流程软件，要求所有工程师记录所有产品与技术的代码，并作为考核和晋升的信息依据。每一个工程师随时可以看到 5 年前的产品设计逻辑与代码；每个人都可以看到自己的、别人的进展，并对整个组织的贡献一清二楚。该不该晋升，取决于贡献了多少行代码以及代码被多少人引用。

## ❷ 积累专属"理论池"

对于企业人士而言，建立厚实的理论功底比较困难。大家不太可能通过翻阅理论文献、学习专业课程来实现对理论的日积月累。那么，如何快速构建理论基础，形成一个个人专属"理论池"呢？

**首先，吃透经典理论，熟练掌握理论建构的来龙去脉。**学习经典理论是培养管理意识与结构思维的最佳门道。介绍经典管理理论的著作有很多。例如，在《管理百年》一书中，作者斯图尔特·克雷纳[①]就用独特的视角、清晰的逻辑、生动的笔触，以 10 年为一个阶段，勾勒出 1900—2000 年的百年管理历程。对于希望学习管理理论的人来说，该书既有全景，又富远见，有助于快速搭建理论基础。此外，推荐管理理论的新手阅读《管理学中的伟大思想：经典理论的开发历程》《管理与组织研究必读的 40 个理论》《现在，顶尖商学院教授都在想什么？》这三本书。

需要注意的是，在经典理论面前，过程的价值远远大于结论。因此，仅仅了解理论的脉络和基本结论，是远远不够的。除了接触理论，更要思考和批判，了解理论的应用场景及成立条件，把经典理论"吃透"才能"用好"（如图 6-3 所示）。

---

① 斯图尔特·克雷纳，美国管理史专家、记者。

| 01.了解"是什么"<br>定义构念 | 02. 明白"如何"<br>各个因素之间如何关联 | 03. 知道"为什么"<br>如何解释关联关系 | 04. 明确"情境"<br>了解限制条件 |
|---|---|---|---|
| 05. 清晰"挑战"<br>关注反对声音 | 06. 把握"趋势"<br>获得实践启示 | 07. 厘清"背景"<br>了解发展历程 | 08. 掌握"工具"<br>掌握实验设计与<br>测量量表 |

**图 6-3　吃透经典理论的 8 个标准**

**然后，定向积累 50 ～ 100 个常见理论，养成模型思维。**在经典理论的基础上，可以针对自身工作所涉及的领域和主题，定向积累 50 ～ 100 个常见理论，构建管理理论"海洋"中的个性化"小池"（如图 6-4 所示）。但是，这一过程不像经典理论那样，能够借助权威著作"一网打尽"，而是需要"滚雪球式"地主动进行筛选并持续积累。

**图 6-4　"理论池"示例**

● **第一，理论来自文献。**定期阅读一个领域内的理论类综述文章①，特别是

---

① 常见的专门（或定期）发表综述性文章的期刊包括 *Academy of Management Review*、*Academy of Management Annuls*、*Journal of Management*、*International Journal of Management Reviews* 等。

发表在顶级学术期刊上的理论综述，这就是一个捷径（如表6-1所示）。

**表 6-1 可以参考的学术资源**

| 资源类型 | 内 容 | 网 址 |
| --- | --- | --- |
| 文献检索类 | 百度学术 | http://xueshu.baidu.com/ |
| | 谷歌学术 | http://scholar.google.com/ |
| 学术工具类 | 知网 | http://www.cnki.net |
| | 万方 | http://www.wanfangdata.cn/index.html |
| | 读秀学术搜索 | http://www.duxiu.com/ |
| | EBSCO | https://search.ebscohost.com/ |
| | ProQuest | http://pqdt.calis.edu.cn/ |
| | OBHRM 知识库 | http://www.obhrm.net |
| | 统计之都论坛 | http://d.cosx.org/ |

- **第二，以间接方式接触理论。**例如，可通过参与专业性与实践性兼具的前沿论坛、与专家学者讨论、听取资深顾问建议等方式，弥补文献阅读和专业学习的不足。这是另一个捷径。

- **第三，培养理论思考的工作习惯。**如果在面对每一项工作任务或某个具体工作现象的时候，都能够花一些时间去搜索理论依据、对照理论关系，就不仅能够积累理论，还能锻炼驾驭理论的思维能力。例如，在分析"快速变异的环境下，高管团队如何进行战略决策的制定"这一问题时，你能快速反应出哪些理论呢？例如，行为决策理论[①]、内隐决策理论[②]、团队角色理论[③]等；如果再进一步拓展，还可以引入冲突

---

① 该理论认为找到"最优"决策十分困难，在实际决策中受到动机、认知及计量上的限制，只能找到一个"令人满意"的决策方案。

② 该理论又称隐含最爱理论、当代决策理论。该理论由皮尔·索尔伯格于1967年提出。它把思考重点放在决策制定之后，解释决策者如何努力使自己的决策合理化。

③ 马杰里森和麦卡恩认为，在成功的团队中应当有九种角色，即建议者（advisor）、联络者（linker）、创造者（creator）、评估者（promoter）、组织者（organizer）、生产者（producer）、控制者（controller）、维持者（maintainer）、专家（expert）。

理论①、权力距离理论②等。在这些理论中很可能找到解决问题的潜在答案。

- **第四，要有所筛选和甄别，避免迷失**。我们可以参照三个标准。一是，理论至少提出了10年。研究指出，一个理论能够引起足够多的关注与实践，大约需要10年的时间。二是，理论已被证明有效，对管理的实践和应用有明确的影响或预测能力。三是，理论较为活跃，不仅在学术圈有持续的研究流向，在企业实践中也有一定的"流量"。

由于理论积累是高度个性化的过程，本书无法给出完整的理论清单。表 6-2 分享作者在研究与实践中高频参照的 20 个理论，为读者提供一个"理论池"示范。

表 6-2　人才管理创新的"理论池"示范

| 序　号 | 理　论 | 基 本 框 架 |
|---|---|---|
| 1 | 吸收能力理论 | 企业吸收新知识的能力主要取决于四个方面，包括：<br>• 是否构建知识库以促进持续吸收和主动吸收；<br>• 是否有"守门人/跨界者"角色的员工阻止或推动；<br>• 是否有获取—消化—转化—利用的标准流程；<br>• 是需求拉动型还是科学推动型。 |
| 2 | 行动者网络理论 | 如何形成一致行动？包括四个环节：<br>• 问题化（突出不可或缺）；<br>• 收益共享（留住同盟者）；<br>• 招募成员（定义和协调各种角色）；<br>• 动员（代言人是否具有代表性）。 |
| 3 | 归因理论 | 人们对成败原因的认识有哪几种模式？在能力（内因、稳定）、努力程度（内因、不稳定）、任务难度（外因、稳定）和运气（外因、不稳定）四种因素中，存在将本人成功归因于内、本人失败归因于外，将他人失败归因于内、他人成功归因于外等倾向，也就是存在"利群偏差"。 |

---

① 管理学家斯蒂芬·P. 罗宾斯提出五阶段冲突理论，把冲突的过程分为五个阶段：潜在的对立、认知和个性化、行为意向、行为、结果。

② 权力距离用来表示人对组织中权力分配不平等情况的接受程度，这是一个文化概念，可以根据上级决策的方式（民主还是专制）、上下级发生冲突时下级的恐惧心理等因素来确定权力距离的大小。

续表

| 序　号 | 理　论 | 基 本 框 架 |
|:---:|:---:|---|
| 4 | 创新扩散理论 | 创新如何带来更广泛的应用呢？<br>● 创新要具备五个特征：相对优势性、相容性、易懂性、可试性、可观察性。<br>● 创新要具备四个阶段：创意生成阶段、创意评估阶段、创意修正阶段、创意实施阶段。<br>● 创新要有一个扩散过程：获知、说服、决策、实施、确认。<br>● 创新要有五类助推者：创新者、早期采用者（受人尊敬者）、早期大众（深思熟虑者）、后期大众（多疑者）和落后者（传统者）。其中从创新获益最多的往往是最后应用的人。<br>● 创新扩散的最新趋势：创新会有一个"临界点"，由于太多人采用而自我维持式地持续被应用下去。 |
| 5 | 组织公平理论 | 组织公平包括：分配公平、程序公平、人际公平、信息公平。 |
| 6 | 公平启发理论 | 该理论主要回答"公平感是如何产生的？"<br>● 人们形成公平判断时，不会理性地分析自己到底面临的是结果公平、程序公平还是互动公平，而是通过不充分线索的启发（认知捷径）迅速形成一个整体的公平印象。<br>● 当整体的公平感形成后，人们会把它当作一个启发式信息来指导和解释后续遇到的其他信息，因此早期的公平信息非常重要。例如，新员工一入职就听说领导"对人不公"，那么他就会形成一个整体的公平感，并因一定的惯性维持一段时间，直到相关事件的发生；一旦他被公平地对待，他就会放下"包袱"，信任领导，否则就会做出反生产力行为。<br>● 由于公平是基于启发而非论证形成的，因此这一理论也称"公平启发理论"。 |
| 7 | 角色理论 | 角色理论有五项主要内容：<br>● 个体的角色行为往往是具有代表性的一系列固定行为；<br>● 角色期待意味着人们对个体应在何时做出角色行为抱有期待；<br>● 角色冲突和角色模糊都不利于形成角色榜样；<br>● 角色灵活性和角色渗透性是角色多样化扮演的两种方法；<br>● 角色管理的价值要点是以角色促进秩序，以角色学习促进人才的多元化成长。 |
| 8 | 社会协同理论 | 也称社会助长理论，反映他人对个体绩效水平增长或下降的影响。<br>● 例如，相对于单独完成任务，当有人协助且任务简单时个体绩效会更好；当任务难且单独完成时，个体绩效则会更差。<br>● 对这一理论有三类解释：内驱力、社会比较和认知过程。 |

续表

| 序　号 | 理　论 | 基　本　框　架 |
|---|---|---|
| 9 | 社会网络理论 | 认为社会情境下的人由于彼此间的纽带关系而以相似的方式思考和行事。<br>● 社会网络理论在微观层面可以分析领导力、工作团队、权力、信任、员工离职等方面；宏观层面可以分析企业间关系、组织联盟和网络治理等领域。<br>● 社会网络理论中有很多概念源于图论。例如中心度、个体间的关系强度、网络嵌入度等。关系强度取决于双方在网络中的时间耗费、情感强度、亲密强度和互惠关系。嵌入度指随时间推移创造、更新和拓展网络关系的倾向，在富有嵌入性的网络中，个体间高度信任、频繁交互，使其解决问题的能力更强。<br>● 结构洞理论是社会网络理论的延伸，指两个个体虽不直接发生联系却共享一段间接关系的情况。 |
| 10 | 结构权变理论 | 没有最优的组织结构，只有最适合的组织结构。<br>● 组织规模和组织任务是两个主要情境，还包括专业化、正式化、差异化和分散化。<br>● 任务的权变性包括不确定性和相互依赖性。 |
| 11 | 积极情绪理论 | 积极情绪日益成为工作中的重要资产，与创造力、服务质量、变革支持等很多重要的工作结果相关。该理论的核心内容有：<br>● 识别十种最具代表性的积极情绪，包括感激、兴趣、敬佩等；<br>● 发现两种核心价值，包括拓展思维的行动范围（例如积极情绪使个体富有创造性、寻求多样化），以及建构持久的个人资源（例如感激的情绪能够增强社会联结）；<br>● 得到两个实用结论，即积极情绪对消极情绪有"撤销"作用，以及积极情绪可以为个体增益，使个体更容易感受到积极情绪，形成循环。有研究证明，积极情绪与消极情绪的临界比为3∶1，大于该比例个体幸福感更高，在最佳的合作团队中这一比例是5∶1。 |
| 12 | 认知失调理论 | 当一个人做出某种行为与他的个人信念、价值观相冲突，或发现一些新的信息与其既有的信念、理想和价值观相冲突时，就会感受到认知失调。该理论的核心内容有：<br>● 产生认识失调后，个体有克服不协调、达成认知一致的倾向，一般会通过改变行为、改变态度、做出合理化解释等方式缓解失调感；<br>● 具体的实践建议包括：管理者可以通过修正对组织和自我价值的判断来缓解认知失调感；当员工的付出与所得不一致或因管理压力而屈服时，管理者可以鼓励员工参与和表达，诱导"辩护模式"，调节表面行为与真实情绪的差异，或提供有诱惑力的奖励，降低员工的失调感。例如，当候选人经历巨大的努力才能进入一个工作团队时，他会倾向于认同这一团队的工作模式和工作成果（即便并非如此）。 |

| 序 号 | 理 论 | 基 本 框 架 |
|---|---|---|
| 13 | 决策双系统理论 | 人在决策时有双系统：快系统（直觉的启发式系统、联想思维）与慢系统（理性的分析加工系统、逻辑推理）。<br>• 快系统是无意识并且快速的，不费脑力，无法对其有意识地关闭；慢系统需要注意力与认知努力，耗费心理资源，质量更高。<br>• 在面对决策问题时，快系统会快速启动，处理绝大多数任务，如果快系统没办法解决，那么慢系统就会接手。<br>• 主动选择哪种系统，取决于个人的信息处理能力、对决策事项的卷入程度、个人与决策事项的关联性。例如，管理者应有意识地启动慢系统，提高决策质量。<br>• 慢系统会产生自我损耗，导致下一个阶段自我控制的能力下降，从而倾向于采用快系统模式。例如，单一地鼓励慢系统并不科学。 |
| 14 | 自我损耗理论 | 该理论认为，能动的自我是有限的资源。<br>• 个体执行意志活动（即自我控制）是要消耗资源的，它会损害下一阶段的自我控制和调节能力。例如，这可以解释为什么激情/冲锋型员工很难保持长期的活力。<br>• 自我资源的损耗通过时间、学习等方式能够得到恢复。<br>• 自我损耗程度受到个人特质、动机水平、信仰、推理能力、睡眠水平、社会身份压力等因素影响。工作自主性、激励等积极的组织因素可以帮助减少自我损耗，工作时长、工作压力、工作干扰、情绪劳动、职场诱惑等消极的组织因素会增加自我损耗。<br>• 该理论建议避免组织和个体在自我损耗下工作，鼓励激活个体的能量系统，增强对损耗的抵抗力。例如，实施工作模式稳定化、积极心态培育、保障休息、允许小憩、抑制分心、有效激励等措施。 |
| 15 | 目标定向理论 | • 以学习为目标的个体注重在完成任务的过程中发展自己的能力，以成绩为目标的个体注重向他人展示才智和能力，他会极力地回避可能失败或展现不足的任务。<br>• 在实践中，成绩目标定向会带来抑制自我效能感、焦虑、回避挑战性任务、创造力不足等消极结果，因此应聚焦学习目标定向来实施绩效管理。 |
| 16 | 工作要求—资源理论 | 工作要求是工作中消耗个体精力的"负向因素"，例如工作过载、角色冲突、时间压力、工作不安全感等。工作资源是工作中的"正向因素"，例如同事支持、工作自主、绩效反馈等。该理论有三个假设。<br>• "双路径"假设。工作对员工存在损耗与增益两条影响路径，两者的对比关系对工作倦怠、员工健康和组织绩效都会产生明确影响。<br>• "缓冲"假设。工作资源能够缓冲高工作要求对员工的损耗。<br>• "应对"假设。员工在高工作要求下才能更好地将工作资源转化为高水平绩效。 |

| 序　号 | 理　论 | 基 本 框 架 |
|---|---|---|
| 16 | 工作要求—资源理论 | 此外，该理论延伸出一系列结构化的重要概念，可以帮助解释为什么人才活力不足甚至流失。包括：<br>• 工作倦怠，包括情绪耗竭、去个人化、自我效能感降低；<br>• 工作投入，包括活力、奉献、专注；<br>• 心理资本，包括自我效能感、乐观、基于组织的自尊感；<br>• 参与型领导，激励追随者、支持追随者、联结追随者们。 |
| 17 | 领导—成员交换理论 | 由于时间和资源的限制，领导不可能和每一个下属的关系都一致，因此会根据下属对其期望角色的接受程度以及工作表现是否满足其期望，选择性地与不同的员工建立不同的关系。<br>• 与领导有高质量交换关系的下属被视为"圈内人"，能够获得更多的信任、支持、资源等，领导也能够获得更多的尊重、信任。<br>• 相反，与领导有较低质量交换关系的下属则是"圈外人"，他们仅仅是和领导完成例行、常规的工作职责及任务。<br>• 衡量交换关系质量的维度包括：情感（个人魅力带来的吸引）、忠诚（彼此公开的支持）、贡献（付出的意愿和行动）和专业尊重（对声誉和能力的认同）。<br>• 领导与成员的双向互动能够影响员工的离职倾向、组织承诺和绩效。 |
| 18 | 中等阶层一致性理论 | 该理论提出一个有趣的现象：中等阶层，即在一个群体中并非最受尊重、最具影响力、最具特权的个体或群体，对组织规范的遵从性要高于顶层群体和底层群体。这一理论有助于促进群体规范的落地。<br>• 中等阶层认为现有"地位"不稳固，因此提升了其与群体的一致性；<br>• 顶层群体更自信、满足，有勇气、能力做出偏离群体标准模式的行为；<br>• 底层群体认为拥有的已经很少了，没什么好损失的，因此选择背离群体。 |
| 19 | 服务型领导理论 | 该理论认为真正的领导者，不是被授予的，其在本质上是服务的人。<br>• 服务型领导有十大特征：倾听、共情、治愈、知晓、说服、概念化、远见、管家精神、对人的成长负责和建立共同体。<br>• 服务型领导与变革型领导、真实型领导、道德领导、授权领导、精神型领导都不同，其特别强调关注下属的成长，非常契合当下"人才体验至上"的管理趋势。 |
| 20 | 多团队系统理论 | 多团队系统指两个及以上的团队为了实现目标而合作互动的系统，可以理解为跨团队协同系统。该理论认为，多团队系统的有效性取决于构成、联结和发展三个维度。<br>• 构成维度包括：数量、规模、边界状态、组织多样化、来源差异化、功能多样性、地理分散性、文化多样性、动机结构、投入差异。<br>• 联结维度包括：相互依赖度、等级划分、权力分配、沟通模式。<br>• 发展维度包括：创建原因、发展方向、周期、阶段、成员稳定性、相互流动性。 |

## 6.2  绘制概念地图

### ❶ 什么是概念地图？

在完成理论输入后，我们需要对从理论中提取的关键概念进行关联化与可视化分析。这个过程可以以概念地图（Concept Map，CM）的形式，在白纸、白板或绘图软件上完成。概念地图可以把问题所涉及的关键概念及概念之间的关系，用图示的形式展现出来。概念间的关系可以是抽象的定义关系、因果关系或事件之间的流程关系。一般用"框"来表示一个概念，用"框"之间的箭头、"+""–"等符号来表示概念间的关系方向和属性。概念地图在白纸、白板上就可以完成，同时也可以借助思维导图等工具。

图 6-5 是一个关于"高绩效团队建设"的概念地图示例。围绕核心问题，以 4 个参照理论（理论基础），结合决策层的具体实施要求（内部实际），构成了有组织、团队、个体 3 个层次，组织结构、正式整合、信息网络等 9 个维度、30 项因素的概念地图。

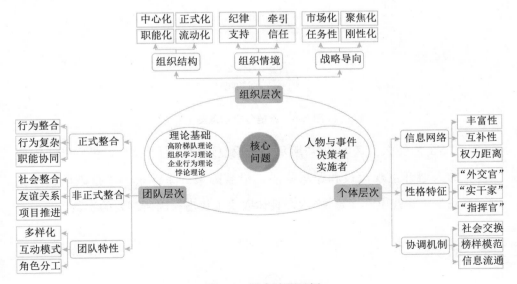

**图 6-5  概念地图示例**

### ❷ 怎样绘制概念地图？

绘制 CM 是一个拼接理论的过程。我们既要列出所有可能的因素（完整性），还要选择那些提供增量价值的因素（简约性）。一般而言，可以先发散做"加法"，关联更多因素，再聚焦做"减法"，排除一些因素。

**首先要发散。**可以应用"长链分析""5 个为什么"等工具，以自我发问的方式梳理各种想法、概念的结构与关系。

- "长链分析"（如图6-6所示）是沿着横向和纵向两个轴进行拓展，有助于促进全面、深度思考，从而产生更多有洞见、有远见的想法。

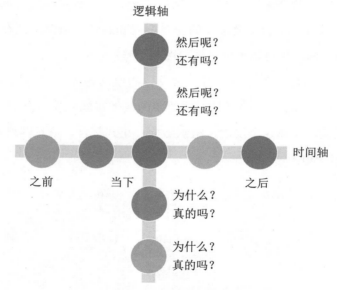

**图 6-6　长链分析示意图**

- "5个为什么"（如图6-7所示）是反复追问"为什么"，鼓励解决问题的人避开主观假设和逻辑陷阱，沿着因果关系链条，"打破砂锅问到底"。实践中不一定是5次，具体取决于找出根因所需要的次数。

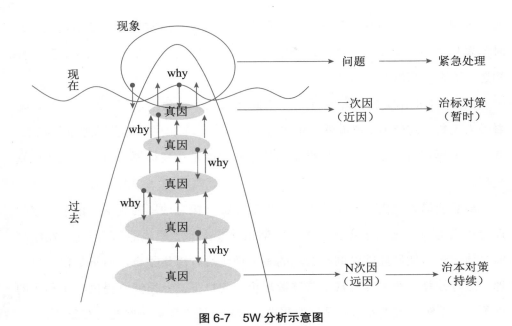

**图 6-7　5W 分析示意图**

　　我们也可以借鉴学术建模的两种方法：内部细化法和外部延伸法（如图 6-8 所示）。内部细化法是在原来 A 影响 B 的关系中，具体分析 A 具体怎样地影响 B，找到新的因素 C（即中介变量或调节变量）。外部延伸法是在原来 A 影响 B 的关系外，寻找其他影响 B 的因素 D 或 A 的影响后果 D。

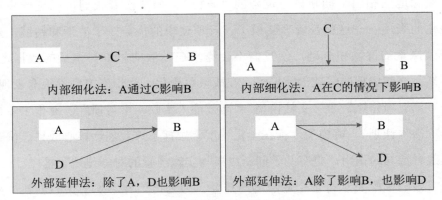

**图 6-8　内部细化法和外部延伸法**

　　**其次再聚焦**。可以重点思考：哪些因素虽然有价值，但是与其他因素存在重叠；哪些因素在本企业没有区分度，员工对其的态度趋于一致；哪些因素其实是表层原因，还有深层次诱因等。前期的研究过程通常会造成信息过载，此时，聚焦能力其实是高层次的思维能力，是从纷繁复杂的信息中抽丝剥茧，建构逻辑清晰、简洁有力的理论的能力。

例如，HR 在实施人才测评时，初期会从几十个角度进行评价；但是，随着阅人无数，这位 HR 就能够提炼出有限的 3 ～ 5 个角度，更精准地进行判断、评价，不再盲目试错。这个思维聚焦的过程，就是在建构属于自己的人才识别模型。

**最后要借力**。借助专家的力量可以显著提升概念地图的质量。由于专家的理论体系的范围远大于实务工作者短期积累起来的"理论池"，因此，在绘制概念地图时，他们能够对同一领域的多项理论进行深化整合，而不是依据单一理论进行诠释。在多理论甚至跨领域理论的支撑下，专家能够提供意想不到的视角，且不纠缠于"显而易见"的假设，这对创造性地解决问题更有益处。

## 6.3　模型化表达

概念地图相当于创新思考过程的"草图"，而紧接着我们可以进一步形成模型化的表达——这就是管理建模了。管理建模的优势在于清晰和精练，是我们继续探索的遵循和基础，使我们不会淹没在发散的思维与海量的数据之中。近年来，一些成功的管理创新模型，在成果可视化、辨识度方面都很有表现力。例如"第五项修炼"[1]"三支柱模型""高效能人士的 7 个习惯"[2]"亚里士多德计划"[3]"活水计划"[4] 等模型，都在一定程度上发挥了直观展示核心成果、快速吸引实践者参与的作用，更有助于创新成果与实践经验的对外传播和推广。

有效的模型表达符合企业的落地需要。因为员工并不那么关心创新"是什

---

[1]　指学习型组织构建模型。
[2]　指自我提升模型。
[3]　指谷歌创建的团队配置模型。
[4]　指腾讯内部人才流动模型。

么"和"为什么"，而更关注"要我怎么做"。此时，如果模型能够精炼地表达出核心要求和行动建议，给出关键的"记忆点"，会大大降低员工的认知负担，更有利于赢得员工之间的共识与支持。

## ❶ 三种常见模型

常见的模型表达方式包括因果型、机制型和阶段型。

因果型模型一般按照左、中、右布局。模型左边是"因"，中间是发挥中介或调节作用的机制类因素，右边是"果"。

例如，在图 6-9 所示的模型中，高绩效工作系统包含了一系列人员甄选程序、培训、薪酬和绩效管理等举措，体现了组织以员工为中心、注重员工的持续发展、看重对员工的长期投资的思路，因而促使组织与员工之间形成更为融洽、紧密的沟通关系，最终达到激发员工主动性行为的目的。

**图 6-9　因果型模型示例 1**

图 6-10 的模型展示了领导行为对员工绩效表现影响的因果模型。模型认为，当领导展示谦逊行为（能够清晰地认识到自己的缺点且能欣赏员工的优势）时，会通过两种路径对员工的绩效表现产生积极的影响。一方面，谦逊的领导会与员工形成良性有益的互动关系；另一方面，谦逊的领导会给予员工充分自由的思考空间，能够提升员工的认知灵活性。由此，员工的绩效表现经由两种路径得到提升，形成"领导行为—员工认知—员工绩效"的因果模型。

**图 6-10　因果型模型示例 2**

机制型模型侧重展示过程机制，一般按照逻辑顺序来表示。

例如，图 6-11 展示了服务型项目的协作过程。面对客户需求的外部动因，将其根据项目背景和直接任务进行拆解后，理解项目团队如何通过价值创造，实现与客户的价值对接。其具体包含三个过程机制：一是行动学习过程，指团队在没有现成解决方案的情况下，共同研究问题，通过相互交流与询问来激发思考，进而改变认知与行为的过程；二是人力资本拼凑过程，强调最大化利用已经存在但尚未发掘的"手头资源"，提倡大家积极试错，在行动中把握住创造机会的"即刻行动"，这是根据新的目标重新组织、整合和利用资源的"资源重构"过程；三是初始创意建构过程，指项目组对解决方案的最初构思与设计过程，是项目组以客户需求为导向，进行跨领域创新的过程。经由上述三个过程的循环迭代，就能实现从项目需求到价值对接的目标。

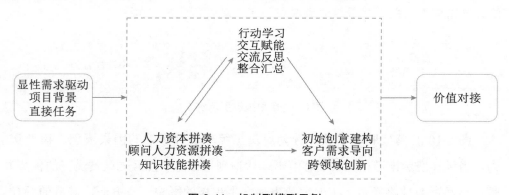

**图 6-11　机制型模型示例**

阶段型模型常以时间为框架，讨论阶段性变化问题。

例如，在图 6-12 所示的模型中，新员工在入职后因不适应而转岗，可能经历三个阶段：退缩阶段、协商阶段、稳定阶段。在退缩阶段，新员工转换到新的岗位，出现了许多不适应的情况，包括不知道如何开展新的工作，不知道如何跟新同事、新领导相处，担心自己孤立无援、势单力薄等。在协商阶段，新员工为了更快地适应岗位，会开展一系列的心理活动和做一些具体行为，包括调整自我心态、自我激励、自我定位、合理利用人脉资源以及理性处理社会化关系等。进入稳定阶段后，他通过上面阶段的策略行为，顺利完成身份转变的调适过程，在新的岗位上能够按时、保质、超额地完成工作任务，积极作出贡献，意见和想法能够被上级采纳……

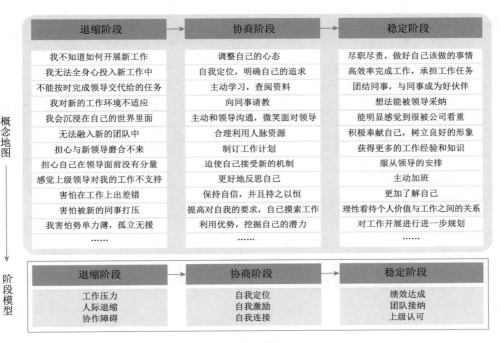

图 6-12　阶段型模型示例

## ❷ 模型的迭代与验证

最后，我们需要强调以下两点内容。

**一是新的想法会继续涌现**。我们需要在一轮又一轮的想法和理论、数据收集和分析、分析结论和新的想法之间不断对照、补充，直到达到认知饱和（认为能够解决问题了）为止。为了提供一个相对明确的路径方法，我们在本章中并未突出强调这种"往复性"，希望读者对此有所了解。

**二是模型需要数据和实践的检验**。初始模型将会沿着调整、完善甚至重构的路径一直迭代下去，最终的模型可能与现在截然不同。因此，管理创新绝对不能到此为止，我们需要继续坚持对模型的打磨验证。

# 第 7 章
## 第五步：借鉴他山之石

在理论的支撑下，我们已经形成了围绕问题的创新"骨架"。那么，如何增添"血肉"，帮助我们进一步挖掘解题思路和方法呢？在问题研究和理论扩充之后，我们会有一个基本判断：这个问题需要哪方面的经验？谁在这方面有经验？这就需要我们做案例研究。很多时候，我们费力研究的事早已经有了答案。

案例研究通过对多种来源信息与数据（例如观察、访谈、音视频、文档和报告）的搜集，详尽而深入地分析目标案例，从而挖掘与自身问题相关的思路与方法。目前，案例研究有着极高的实践热度。遇到问题开展案例研究或对标研究，几乎是企业自然而然的反应。那么，怎样有效地进行案例研究呢？我们常常存在把案例研究当作"讲故事"、重视成功案例和外部案例、忽视失败案例和内部案例等误区。

**本章介绍人才管理创新七步法的第五步：借鉴他山之石。**阅读本章你会收获：

- 怎样做案例研究更有效？
- 怎样吸纳最新成果经验？

## 7.1　怎样做案例研究

在一次国家级管理创新成果的评审会上，一位国内人力资源管理领域的资深专家由衷感慨："研究与实践之间、实践与实践之间越来越不同步，A 企业的创新甚至是 B 企业十年前的做法，这还算什么创新。"

大家对"别人家的实践"了解得太少了。虽然一些领先企业纷纷成立"军情观察室""外研中心"等外部研究机构，积极分析"他山之石"，但是，大多数企业仍然在面对具体问题时做"孤勇者"，缺少受教于外的主动意识。

### ❶ 案例研究的三个优势

**首先，案例研究更真实。** 它提供已经发生的做法和成效，比其他研究方法更经得起挖掘和推敲。同时，它不需要研究者做额外的控制和干涉（例如做管理试验需要这样做），也不存在对研究对象"反测试"倾向的顾虑（例如做访谈和问卷调查存在这种问题）。此外，案例价值容易分辨，不易造假（或水分较少）。

**其次，案例研究可操作。** 数据调查是点状的，只收集态度和意见；但案例研究是连续的，可以分析行为和机制。案例比数据更能说明"为什么"，启发"怎么办"，因此能够增强让大家"行动"起来的决心。例如，如果想要为新员工绘制一张"人才画像"，告诉他公司的人才标准是什么。那么，数据研究只能告诉他需要具备素质 A、素质 B、素质 C 等，并给出简单的定义，让员工自行去理解尝试。但案例研究却能够告诉他"怎么做"。通过分析典范员工在什么时间、场景下，具备什么心态，采取什么行动等，将素质项目细化为行为标准和行动指引，帮助新员工在实践中进行对照提升。

**最后，案例研究端正态度。** 总强调"我们和别的企业不一样"，是很难从案例中学习成长的。只有了解自己哪里有弱点，才能有针对性地学习他人。因此，我们发现企业越优秀，越爱向前看。当然，案例学习不是单纯的模仿照搬，而是发酵和融合的过程。经常开展案例研究的企业，容易养成开放、自我批评和持续学习的管理文化，这也是管理创新的重要驱动力。

## 学习华为，就是学习华为如何学习别人

很多企业在狂热地学习华为，华为的企业文化、激励体系和流程设计是三大学习重点。但本书认为，学习华为，最重要的是学习华为如何学习别人。

强大的组织学习能力，是华为从平庸走向卓越的关键要素。华为现有的管理体系、结构、知识等大多不属于自主创新，而是来自外界——把业界优秀的管理经验、实践和案例为己所用。例如，在 2016 年 11 月 30 日的 EMT 办公会议上，华为发布《关于"1130 日落法"的暂行规定》，明确提出：在成熟流程领域每增加

一个流程节点，要减少两个流程节点；每增加一个评审点，要减少两个评审点。这项制度其实不是华为原创，而是来自"日落法则"。华为借鉴了这个法则，并提出了自己的"1130日落法"，从而在组织效率的提升上又增添了一项有效机制。

## ❷ 案例研究的四个策略

**策略一：精挑细选**。案例不在于多，而在于精。如果能够找到一个高度契合的案例，那么研究透彻这一个就足够了。在单一案例分析中，我们可以投入更多精力去关注细节，例如所处的背景、偶然性事件、参与者感受等，从而全面地提取经验方法，提高吸收借鉴的成功率。因此，并不是案例越多越好。有时候，正是由于无法从单一案例中获得完整的经验方法，才退而选择以多案例研究的方式，"拼凑"出一组相关信息。

例如，A企业希望就"提升科研项目管理效能"这一问题寻找外部经验，并成立了专项研究团队。他们首先想到的是了解以下组织是否有经验可循：一是以科技实力著称的领先企业，如谷歌、微软、华为、腾讯等；二是以科研工作为重心的顶尖实验室或科研机构，如贝尔实验室、卡文迪许实验室、中国科学院等。

经过一段时间的研究发现，虽然这些组织有较丰富的公开资料，但是并不聚焦于"科研项目管理"这一主题；而且也有一些内容属于"道听途说"，不可轻信。更重要的是，这些企业与A企业在业务性质上存在较大差异，项目管理的场景和难点有所不同，大大削弱了它们的参照性和借鉴性。

## 以臭鼬模式优化科研项目管理

经过努力，A企业专项研究团队挖掘到"臭鼬工厂"这一案例，高度契合本企业对标研究的实际需要。

- **首先，业务相近**。臭鼬工厂是洛克希德·马丁公司（以下简称洛马公司）高级开发项目部的官方绰号，以担任秘密研究任务为主，研制了洛马公司许多著名的飞行器产品，创下143天完成美国第一架实战型喷气式原型战斗机的研制纪录。

- **其次，以项目制为主。** 它的管理经验几乎都是项目管理经验。
- **最后，研究基础好。** 臭鼬模式（也称臭鼬管理法）代表着灵活的组织结构、独特的管理方式和创新的研发环境。关于臭鼬模式有两份高质量资料可供参阅，一是《为"最好"付出的代价》，这篇文章将臭鼬模式带入大众认知，被美国商业周刊强烈推荐；二是《臭鼬工厂回忆录》，由"隐身飞机之父"本杰明·罗伯特·里奇撰写，严谨务实，以内行视角全面介绍臭鼬模式。

在此有利的条件下，A 企业的对标研究取得了快速进展。基于著名的臭鼬工厂 14 条管理原则，以及坚持 8 小时工作制、加大授权激发员工活力、减少各种报告要求、图纸系统要极其灵活等直击痛点的管理经验，专项研究团队迅速形成了 16 条提升科研项目管理效能的行动建议，并迅速推广实施，具体如下。

- 建立小而高效的项目办公室
- 授权项目经理控制所有项目活动
- 项目人员规模最小化，个人责任人最大化
- 每天保持针对解决综合问题的开放式沟通
- 限制项目对"外人"开放，确保适当的、最低限度的监管
- 提出有挑战性但能够实现的需求，努力保持变更次数与变更程度最小化
- 编制紧凑的进度安排，兼顾可能发生的延期或返工
- 严密监管所有开销，定期全面地检查开支
- 剪裁合同以消除限制性或无实质意义的规定
- 将规定的范围和细节最小化
- 文件的记录工作最少化
- 关注工程制造、质量评估、测试、材料和后勤保障提早进入项目过程
- 采用简单的工程制图系统，利用"红色标志"避免制造和装配延期
- 允许承包商实施产品飞行测试
- 安全保密要求与项目需求保持一致
- 尽最大可能将项目人员安排在同一地点

　　**策略二：对照研究。** 案例研究容易陷入一种"理想国"的误区——别的企业做什么都能成功。实际上，其他企业的经验用在自身实践中并不一定奏效，这就是管理的情境化特点。基于此，我们可以采用对照的思路进行案例分析——对比不同企业针对同一问题，在不同阶段、不同决策、不同方法的成效差异，从中提取带有情境条件的关键经验。

## 为什么绩效考核成就了三星，毁了索尼

　　在20世纪90年代，三星和索尼两家公司在同一时期进行组织转型——从高度集权的管控模式转变为授权业务单元独立运营，并引入绩效考核机制。但是，组织转型却产生了截然不同的效果——三星通过实施绩效考核促进了业绩突破，而索尼却因实施绩效考核导致各自为政和业绩下滑。

　　通过对照分析（如图7-1所示），我们发现问题在于机构设置，三星在总部成立的名为"秘书室"的战略性机构非常关键。它成功抑制了本位主义和短期主义在绩效考核中的负面影响，保护了业务单元在创新、竞争与协作上的协调一致。这一经验提示我们，不能孤立地考虑绩效体系，而要将它置于组织架构、配套机制和人员激励的关联中权衡设计。

| 索尼的绩效"教训" | | VS | 三星的绩效"经验" |
|---|---|---|---|

| **1994年**<br>索尼发布"绩效制度"，把业务单元改为独立企业。业务单元考核收入、利润、ROE等财务指标，这些指标与负责人收入挂钩。 | **1998年**<br>将考核重点变成"股东价值"（EVA）。业务单元管理者的奖金中，50%由企业业绩决定，25%取决于索尼整体业绩，剩下25%由个人管理目标来决定。 | | **1988年**<br>三星推行"自律经营"，授权各分公司和子公司，将集团经营重心下沉。在考核业务单元EVA、根据短期业绩支付奖金、设置利润分享上，与索尼完全一致。 |

**索尼的考核催生了短期主义与本位主义，限制了创新精神与团队合作**　　　　　　　　**三星的考核促进了组织转型**

| 短期主义 | 要求投资ROI不低于10%，这使得各企业不愿意投资风险大但对未来很重要的技术和产品，更愿意做能立竿见影又没有风险的项目。 | 本位主义 | 每个业务单元独立核算，当需要为其他业务单元提供协助而对自己没有好处的时候，员工没有协作的积极性。 | 有限授权 | 三星在总部设置秘书室，负责战略配置、业务统筹和高管任命等，集团管控模式为有限授权，不像索尼一样过度授权。 |

**图7-1　索尼与三星对照研究**

## 为什么腾讯要向网易学习创新机制

作为两家以创新驱动的互联网大厂，腾讯和网易的创新能力毋庸置疑。近年来，腾讯发现，网易的创新更多地呈现为"自下而上"模式，一线员工的创新意愿很强，这与腾讯"自上而下"地鼓励创新截然不同（如图 7-2 所示）。相比之下，网易致力于为创新打造流程、机制与土壤，每年有上百个创新提案自下而上地涌现。网易严选、有道精品课、《阴阳师》等游戏项目、有道掌上邮、网易团购、网易电影票、网易商城、惠惠购物助手、有道云笔记、LOFTER、网易蜗牛读书、二次元社区 GACHA、网易云课堂、网易公开课、网易有才等产品，都是从员工兴趣起步，自发地组建兴趣小组，而最终立项实现的。从创新模式和创新潜力的角度评价，网易的创新更有活力。

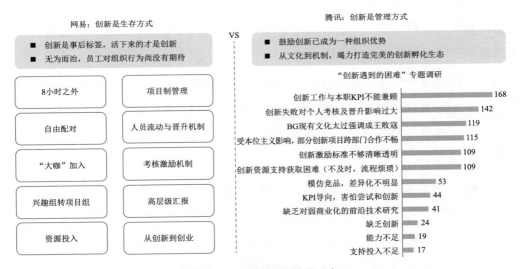

图 7-2　网易与腾讯对照研究

**策略三：动态研究**。除单一案例挖掘和多案例对照外，建议在具备条件的情况下，开展动态案例研究。通过观察某一问题随时间变化的动态演变过程，挖掘其中的机制与规律。

动态案例研究可以更真实地反映问题背景、决策过程、行动举措和长期效果，有助于我们以连贯的视角来理解管理活动，避免静态、线性的认识。例如，我们可以尝试以动态研究法回答以下问题。

- 一项管理创新在酝酿、发起、试点、推广等不同阶段，是怎样逐步赢得共识的？在实施一年后，面对新问题是如何迭代的？在3～5年后该项目如何能够继续发挥作用？

- 通用电气公司如何创造了绩效管理的活力曲线？为什么在近期废止？为什么很少有新的管理机制？是管理创新的能力不足吗？

- 华为的股权激励机制是如何演变的？为什么从最初的实股逐步转变为虚拟受限股（ESOP）、时间单位计划（TUP）？其中每一阶段的目标、策略与方法各是什么？

**策略四：常态化研究**。案例研究容易上手，但做好并不容易。企业内部经常需要撰写调研报告、对标报告等，但往往难以做深做实。那么，应该如何快速提升开展案例研究的能力呢？

- 一是在质疑中创新。案例研究特别适合探究新颖或罕见的现象，从新现象中发现新见解、构建新理论。因此，在可选择的情况下，我们可以尽量选择一些反直觉、批判性、启示性强的案例，为研究拓宽思维或纠正偏差。

- 二是建设案例来源渠道。如果企业有常态化调研安排，就会积累形成"案例库"。如果没有这项安排，就需要开展专项案例研究。一般情况下，主要有4类案例研究的来源渠道：①基于业务往来进行正式约访交流，以双向分享而非单方输出为佳；②通过市场化专家平台匹配资源，开展付费访谈；③利用人才流动，盘点内部人才的从业履历，邀请曾就职于目标企业的员工进行访谈沟通；④借助二手资料，从已有案例研究中挖掘出新的视角与结论。

## 7.2　关注最新实践动向

理论是前 20 年的事，案例是近 10 年的事，但除此之外，我们仍然需要了解最新、正在发生的事。

我们通过列举以下实践案例与研究成果，来说明管理研究与实践的升级速度超乎想象。通过这些例子，大家可以感受到，在事无巨细的很多方面，实际上都已经产生了很多值得借鉴的研究与实践；也可以直接收获关于绩效管理、明星员工管理、创新能力评价、高潜人才识别和新员工管理的创新思路和有效做法。这些都是经过实践验证的可靠经验，能够为人才管理创新提质增速。

### ❶ 德勤为什么重构绩效？

为什么绩效管理变成了鸡肋？德勤公司也有类似困境。公司从上到下都认为，绩效管理是耗时巨大、误差很大并且关注过去的无效举措。"每年耗时 200 万小时为 6.5 万名员工炮制一份年度评价，是一件投资回报极低的事。"

为使绩效管理不成为管理者和员工的负担，真正促进团队管理和个人成长，德勤重构了绩效体系，并将其称为"绩效快照"。即，按照季度只让直线经理或项目经理回答 4 个问题，分别是：

- "如果用我自己的钱为他支付奖金，我会给予其最高额的奖励"；
- "我希望他能永远留在我的团队工作"；
- "此人濒临表现不佳的境地"；
- "此人已经符合晋升条件"。

通过这 4 个简单而直接的问题，直线经理或项目经理就可以对员工做出绩效评定，明确是否应对该员工进行奖励或晋升。"绩效快照"因此以最小化的管理成本为绩效沟通与员工成长提供了保障。

### ❷ 明星员工为什么成功率低？

企业管理者经常疑惑，为什么"超级明星"领衔的团队，并不能如愿地创造价值。

已有研究<sup>①</sup>给出明星团队的成功"配方"——"1+9"角色系统<sup>②</sup>（如图 7-3 所示）。首先，其中"1"为处于团队协作核心位置的明星员工，在他周围的第一个角色是创新鼓动者，负责第一时间把超级明星的创新理念宣扬出去；其次是信息者，负责搜集信息并及时地将这些创新理念概念化、模型化；之后实干者运筹计划；方案形成以后，推进者便会推动方案尽快落实；虽然上述成员极具主动性，但可能操之过急，有失周全，需要协调者帮助他们凝聚团队，向共同的

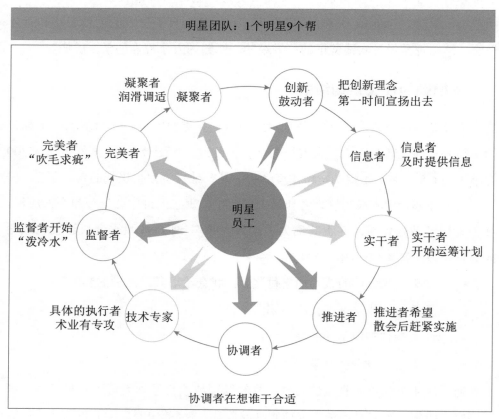

图 7-3 明星团队"1+9"角色系统

① 马君，任茹，闫嘉妮.超级明星领衔的团队何以溃败[J].清华管理评论，2018（5）：20-26.
② 借鉴梅雷迪斯·贝尔宾（R. Meredith Belbin）的团队角色理论。

目标努力；技术专家是具体的执行者，能为创意落地提供专业支持；在目标落实过程中，还需要监督者，他们严谨、理智，善于权衡利弊，发现问题能及时"泼冷水"；当然也离不开完美者，他们会"吹毛求疵"，尽管有时会被当作"刺头"，但有利于细节的改善；最后，还需要一位凝聚者来化解矛盾，他们温和、沟通能力强，是团队协作的纽带。

### ❸ 如何评价员工的创新力？

创新是每个企业都极度推崇的行为，但鼓励创新、奖励创新还有更加具体的办法吗？已有研究[①]指出，有效创新不能是"大众创新"，而应是"精准赋能"。该研究提供了员工创新力量表（见表 7-1），认为应精确选择既有创新意愿又具备创新能力的员工，向其倾斜资源并提供支持，这样成功率才会更高。因此，员工创新力是可以测量的，企业可以直接应用这一工具。

**表 7-1　员工创新力量表**

| 一级维度 | 二级维度 | 三级维度 | 定　义 |
|---|---|---|---|
| 创新意愿 | 使命感 | 改变世界 | 有改变世界，促进社会文明繁荣的使命感 |
| | | 追求卓越 | 工作中执着专注，坚持最高标准并不断突破 |
| | | 超越用户 | 提供高品质产品或服务，超越用户原本的期待 |
| | 勇气 | 喜欢挑战 | 主动寻找挑战，乐于接受挑战 |
| | | 风险承受 | 愿意承担创新失败的风险 |
| | | 勇气 | 保持积极主动，不惧怕承担责任 |
| | 好奇心 | 自我驱动 | 能够自我激励以实现目标 |
| | | 好奇驱动 | 为满足好奇心而不断探索 |
| | | 激活创意 | 保持联想力，产生源源不绝的创意 |

---

① 熊艾伦，魏巍，陈劲，伍晖. 众里寻他千百度——员工创新力量表开发及应用 [J]. 清华管理评论，2022（7）：18-25.

续表

| 一级维度 | 二级维度 | 三级维度 | 定　义 |
|---|---|---|---|
| 创新能力 | 战略能力 | 发现问题 | 透过表面现象发现现象背后本质 |
| | | 机会识别 | 拥有发现市场机会的敏锐性 |
| | | 战略思考 | 基于宏观层面的总体性谋略 |
| | | 前瞻思维 | 面向未来的思维能力 |
| | 创新思维 | 批判性思维 | 通过一定的标准评价思维，进而改善思维 |
| | | 设计思维 | 提供实用和富有创造性的解决方案 |
| | | 横向思维 | 打破局限，往更宽广领域拓展的前进式思维模式 |
| | | 跨学科思维 | 跨学科的知识背景和思维能力 |
| | 平衡能力 | 融合能力 | 理性与感性、科学与艺术、专注与情绪的融合 |
| | | 统御能力 | 合成、综合、整合能力 |
| | | 容错能力 | 对不确定性的容忍 |
| | | 想象力 | 大脑中描绘图像的能力 |
| | 行动力 | 动手能力 | 动手研发、实验的能力 |
| | | 执行能力 | 贯彻战略意图，完成预定目标的操作能力 |
| | 研究能力 | 数据素养 | 有效获取、分析解释数据及利用数据的能力 |
| | | 持续学习 | 持之以恒，终身学习的能力 |
| | | 独立思考 | 独立的理性思考的能力 |
| | | 自我反思 | 反思自己的某个观点或行为是否正当与合理 |
| | | 抗挫能力 | 个体适应挫折、抵抗和应付挫折的能力 |
| | 合作能力 | 沟通交流 | 让别人接受你的新思想，打破界限，寻求支持 |
| | | 共情能力 | 设身处地体验他人处境，感受和理解他人心情 |
| | | 关系能力 | 建立联盟，利用现有网络寻找合适的合作伙伴 |
| | | 团队能力 | 发挥团队精神、互补互助，达到最大工作效率 |

### ❹ 怎样找准高潜人才？

一项针对 200 家企业的研究表明，只有 17% 的高管对企业目前甄选高潜人才的准确性表示满意。基于业绩识别高潜人才的传统做法已经行不通了。管理层始终怀疑 HR 没有真正地解决人才埋没的问题。

世界级教练大师马歇尔·戈德史密斯认为：成功的领导者往往能够意识到在晋升后，他们需要改变过往的方式，发展新技能。他们要理解在过去的环境中行之有效的行为，并不能保证为其在新的角色中带来同样的成功。[①] 与此观点类似，迈克·朗巴德和鲍伯·艾卿格提出了"学习敏锐度"这一概念（见表 7-2），用以定义那些在晋升后仍有潜力的个人。"学习敏锐度"是一种快速学习、并将所学恰当运用于陌生的、富有挑战的领导情景中的能力和意愿，它应该作为识别高潜人才的新依据。

**表 7-2　"学习敏锐度"的概念结构**

| 序 号 | 维 度 | 内 容 |
|---|---|---|
| 1 | 心智敏锐度 | 能将问题以不同方式进行概括，从高层、独特和创造性的角度审视问题 |
| 2 | 人际敏锐度 | 能与各类人有效交往，能够建设性地利用他人的能力实现组织目标 |
| 3 | 变革敏锐度 | 乐于思变，保持灵活，对新思维和新的行为方式保持开放的态度 |
| 4 | 结果敏锐度 | 能完成任务，被困难的任务所激励，在陌生情景下足智多谋 |
| 5 | 自我认知 | 对于自己有准确认知，包括能力、弱点、盲点等 |
| 6 | 响应反馈 | 能够征求、听取和接受他人的反馈，并采取措施提升业绩 |
| 7 | 环境敏感 | 善于观察周围环境，分析新角色要求，善于应对环境变化，有效管理情绪 |

### ❺ 为什么优秀人才在入职后表现平平？

在招聘面试时，HR 明明看到了员工的闪光点甚至才华横溢之处。但为什么他们在入职后表现平平，甚至不能胜任呢？已有研究表明这主要有以下三方面原因：个人问题、人际问题和领导者问题（如表 7-3 所示）。如果管理者能够

---

① 　摘自马歇尔·戈德史密斯著作《没有屡试不爽的方法：成功人士如何获得更大的成功》。

对这些问题予以关注，情况可能会逐步好转。

**表 7-3   优秀员工适岗建议**

| 维度 | 分　析 | 行 动 建 议 |
|------|--------|-------------|
| 个人问题 | 很少有人能从一开始就意识到自己的能力与潜力。在专业知识、才能或表现方面，人的实际优秀程度和他们自认为的优秀程度重合率通常在10%以下。 | 领导要在员工表现最好的时候明确地表扬他们，这样员工就知道他们为什么"优秀"了。此外还要关注员工的动力水平。他们需要休息，还是挑战、刺激或支持？领导需要提供帮助。 |
| 人际问题 | 鲍里斯·葛罗伊斯堡团队的研究表明，明星员工换了新公司后往往无法复制自己的成功，因为帮助他们成功的支持因素（如关于公司的特定知识或人际网络）不复存在。此外，环境导致表现不佳。员工可能会由于新的团队动态、职务或责任调整、感到缺乏认可或地位改变（如其他人得到晋升或奖金）而陷入低谷。员工的才能没有变化，但他们发挥才能的环境改变了。 | 领导需要坦诚地讨论这种情况，找到重塑或调解冲突的机会——把员工调整到更有可能成功的新职位。 |
| 领导问题 | 至少30%的员工的表现是由管理方式造就的。例如，原本想支持和培养员工，但由于微观管理、过于宽松的监督或目标沟通不当等问题，扼杀了员工的才能。 | 领导可以对比不同的交流、反馈、赋权和管理策略的效果，评估员工表现不佳究竟是不是因为自己。 |

　　最后，怎样能了解到这些最新实践动向呢？本书认为有 4 个有效的信息来源：管理评论类刊物（如哈佛商业评论、清华管理评论等）、专业机构的年度管理洞察报告（如各大咨询公司的年度报告）、高品质论坛的实践分享以及优质畅销案例类书籍。同时，在锁定一项实践后，如果需要进一步了解细节，还可以借助专家访谈平台（如凯盛荣英公司、GLG 格理公司）进行付费访谈，从而在视野开阔、信息充分的基础上实现按需借鉴和创造性运用。

# 第 8 章
# 第六步：提升调查能力

到目前为止，理论与外部实践已经最大限度地丰富了我们的创新设想。驾驭理论、吸纳经验的能力，接下来就取决于我们对内部实际的认识程度。如何让它们在自身管理实际的框架中发挥作用，从而实现创造性运用呢？对此，我们需要开展内部调查。**本章介绍人才管理创新七步法的第六步：提升调查能力。**由于前面已提及定性访谈法，并且定量分析是最常见的分析方式，因此本章着重介绍数据调查。

数据调查需要三项能力：

- 数据收集能力，要尽可能多地获取员工的真实想法；
- 数据分析能力，要选择合适的、能够驾驭的分析方法；
- 结论转化能力，要将数据转化为有行动意义的结论。

同时，这一过程也面临两项挑战：

- 你的想法要与大家见面了，要做好准备，减少误解；
- 涉及数字化技术，这可能会让你感到力不从心。

本章认为，管理者并不需要成为数据科学家或统计分析师，只需要具备最小化数据能力。我们可以借助专家力量，跨越数字化技术鸿沟，使基于数字化的人才管理创新尽快地成为更加活跃、更低门槛的工作思维和方式。因此，我们将介绍数据收集、数据分析和做出结论这3个步骤和8项策略，希望推动管理者快速上手，自信驾驭数据分析。

很多时候，你会以拥有这样那样的工具和数据作为一个创新项目的出发点。但实际上，无论你拥有什么样的数据、工具（哪怕只是 Excel），你都可以通过最基础的办法，逐步识别问题、解决问题，实现"从基础到前瞻"的效果。

——皮尤斯·马图尔（Piyush Mathur）（强生公司全球首席分析官）

阅读本章你会收获：

- 开展数据调查的3个步骤
- 构建最小化数据能力的8项策略

## 8.1　善于获取关键数据

我们已经构建了管理模型。下面，就需要将数据输入模型，检验假设并得出结论了。数据从哪里来？最主要的方式是利用问卷，通过一"发"（发问卷）和一"收"（收数据）获得数据。

> 低质量的数据会把你拉向错误的方向，或者让你根本没有方向。
>
> ——鲍里斯·格鲁斯伯格（哈佛商学院教授）

本书认为，问卷设计与发放的随意性，常常导致数据收集的质量偏低，而这需要我们以专业态度来严谨对待。问卷调研是一次关键的书面对话，能将主观感受转换为客观数据。通过设计一组问题，让隐藏在人们大脑中的态度、信念、价值观、观点和偏好等原本无法描述和无从考证的主观内容，变成可供分析的客观数据，使心理、行为和结果之间的联系能够以科学的方式显现出来。

一份科学设计的问卷可以推动产生独特的洞察力，从而引导管理者采取有意义的干预行动。相反，当问卷设计不当，尤其调研过程也比较敷衍时，则会使员工产生抵触心理，削弱其对调查的信任和承诺，从而达不到问卷调研的目标。大多时候，我们接触的问卷质量并不过关。问卷设计的过程变成"想到什么就问什么"的简单过程，疏于考虑"这些问题是否准确反映我们希望了解的问题""是否能够分析重要性和关联性等深层次关系""调查结果是否能作为决策依据"等影响数据质量的细节因素。

从实用性考虑，本部分将略过问卷设计的方法论，重点讨论如何直接应用成熟的问卷，并借助专家来提升数据收集的质量。

## ❶ 善用成熟问卷

在强大的学术研究基础上，我们很难找到一个从未有研究涉足的全新领域。因此，大多数管理概念都能够找到相对契合的结构化问卷。在这些成熟问卷中，每一个概念都可以通过结构化的题项来加以测量，并且已经得到有效验证。我们可以参照《管理学研究量表手册》[①]、OBHRM 百科 [②]、国际人格量表库 [③] 等书目或渠道，快速且直接地引用它们，不需要从零开始设计题目。自行设计问卷既费时费力，又容易出错。下面是几个常见概念的问卷示例。

- **经理层领导力**可以提5个问题，分别是"在过去的3个月，经理和我聊过我的进步""经理给我提供了清晰的反馈以帮助我决策""经理很高效""经理基于理性和数据进行决策"和"经理重视人文关怀"。

- **敬业度**可以提6个问题，分别是"我认为公司为最佳工作场所""我打算继续为公司工作3年""如果其他公司提供给我同等职位，我会继续待在这里""我很自豪地跟他人说我在该公司工作""我会给周围信任的朋友或熟人推荐本公司产品""我时常为公司的成功付出额外的努力"和"我时常在本职工作之外为团队出力，帮助团队获得成功"。

- **创新氛围**可以提12个问题，分别是"在工作中，同事们会相互支持和协助""工作中，同事们乐意分享彼此的方法和技术""同事们经常就工作中的问题进行交流与探讨""当我有新创意时，同事们会积极发表意见和建议""我的主管尊重和容忍下属提出不同意见""我的主管

---

① 《管理研究量表手册》作者李超平、王桢、毛凯贤，精选《管理世界》《心理学报》《南开管理评论》《管理评论》《中国软科学》《管理学报》《科研管理》《管理科学学报》等期刊上公开发表、在国内经过严格信度与效度审核研究的研究量表。

② 华人 OBHRM 学者共建共享的公益性 OBHRM 知识库。

③ 该库包含 300 余个人格测量的国际网站，网址为 https://ipip.ori.org/。

鼓励下属提案以改善生产或服务""我的主管会支持和协助下属实现工作创意""我的主管是一个很好的创新典范""公司倡导员工进行新的尝试，从错误中学习""公司赏识和认可有创新和进取精神的员工""公司为员工的创新构想提供奖励"和"公司崇尚自由开放与创新变革"。

- **心理安全**可以提5个问题，分别是"我在工作中，不需要总是小心翼翼""在我的工作环境中，总有些人在我的背后搞鬼，让我在工作上的努力白费（反向计分）""我的工作环境充满了各种潜在威胁（反向计分）""一旦你在工作中出现一点失误，后果将非常严重（反向计分）"和"工作环境中总是有些人不断地找我麻烦（反向计分）"。

我们在应用成熟问卷时需要注意：一是针对同一概念有多个量表的情况，需要对其进行适用性的选择；二是对题项表述不能完全照搬，要进行合理调整、改变，避免问卷填答者对题目费解甚至产生误解，从而反馈无效的问卷数据。

## ❷ 借助专业支持

即便有成熟问卷可以参照，专业支持仍然很有必要。富有经验的专家能够从精准、精简、精益的角度，把关问卷设计与发放，从而提高调查效率与数据质量。

**1）精准就是准确测量员工对这件事（而不是那件事）的真实想法。**

首先，专家会推荐选用可靠性（信度①、效度②）比较高的问卷，并对题目进行基础性把关，减少发生无效测量的可能性。例如，他们会全面把关问卷设计，杜绝低级错误（如表 8-1 所示）。

---

① 信度，指量表测量结果的一致性、稳定性及可靠性，用于捕捉某次测量能够稳定地测量特定概念的程度。

② 效度，指测量工具或手段能够准确地测出所需测量的事物的程度，用于捕捉某测量工具能够代表特定概念的程度。

表 8-1　问卷设计的检查清单

| 重点检查项 | 说　明 |
| --- | --- |
| 第一人称为主 | 避免道听途说或妄自猜测他人，应直接表达自身看法 |
| 含义明确 | 避免使用复合句或有双重含义的题目 |
| 避免引导性 | 避免使用引起强烈的正面或负面联想的语言 |
| 避免干扰 | 注意题目的分组和分页设计，题目陈述句式和风格前后一致 |
| 统一分制 | 采用统一分制，尽量为奇数（如 3、5、7 分），便于数据分析 |
| 表达清晰 | 删掉过度概括、专业、生僻、模棱两可和强调的表达 |
| 选项完整独立 | 避免题目选项互相重叠或有重要遗漏，使人难以选择 |
| 控制时间 | 预先测试，保证问卷在 20 分钟内完成 |
| 保密承诺 | 在显著位置注明只共享整体数据而非个人信息，减少员工顾虑 |

　　一般情况下，专家要对问卷组织预调研，确保问卷表达与组织话语体系的衔接与同步，从而最大限度地保障问与答在同一频道上。具体做法是：在正式调研前，选择有代表性、小范围的员工（例如 10 人）进行访谈，让其填写问卷，然后就问卷说明、题项措辞等听取他们的意见，评估是否存在令人误解的表述、难以理解的内容和敏感尴尬的主题等，并对其进行有针对性的修正完善。

　　其次，专家能够从专业视角提出针对性建议，提升调查严谨度。这些通常是非专业人士难以觉察并应对的问题。

　　例如，如果员工回答任何问题都往好处说，怎么办？从专业角度看这属于"社会赞许性"，可以通过精心的问卷设计和实施如扩大调查量、增强保密性、提问行为层面问题、有效处理并解释数据等方法，在一定程度上纠正主观偏差。

　　又如，我们实施员工敬业度调查。在这一过程中，实际上存在着两种偏差。一种是"幸存者偏差"，很多高度敬业或难以协作的员工，可能已经离开了公司，没有机会表达自己的意见；另一种是"近因效应"，参与调查的员工会受到当时的心情或者其他临时因素的影响。忽视这两个问题，将阻碍我们探究关键因素和方法。此时，数据分析专家能够及时地提出问题并给出调整方案。例如：

落实离职预测及面谈机制，在暴露问题的群体中加快解决问题；采取多时点调查，或在较长周期内开放数据收集窗口，分散化地提取数据；借助新兴数据源，邀请大数据与人工智能专家具体设计解决方案等。

再如，我们对"共同方法变异"[①]这个概念非常陌生。它使我们发现两个变量间的相关关系，但实际上两者并不存在什么内在联系。例如，调研表明，满意度高的员工在工作中更有活力。但这也可能是在工作中有活力的员工得到了更多支持，因而满意度更高，甚至有可能是该员工本身属于"高能量人群"，总是对工作环境保持乐观、充满活力。为了避坑"共同方法变异"，专家一般建议使用不同的测量工具或评估方法来分析概念，或调查不同群体，尽量保证数据来源多时点、多元化。例如，请员工自评工作满意度时，间隔 2 周后再请直接上级评价他近期的工作活力。

此外，我们有时会缺少分类意识，导致数据"混"在一起，难以支撑精细化分析。以离职分析为例，低绩效员工提出他是因为薪酬问题或与直接领导的关系问题而离开的，但事实上他的离职原因对我们并不重要。如果把他们的原因与我们希望挽留的人所反馈的原因混在一起分析，那么我们就会对"如何采取行动挽留需要挽留的人"这件事更加摸不着头脑。

**2）精简就是不折腾员工，但拿到了想要的数据。**

在日常调查中，如果不想让员工感受到过度打扰或精力被过度占用，HR 需要在专家指导下精简问卷，或采取抽样调查。

精简问卷就是通过合并相关题项、引用已有数据等方式，缩减问卷填答量。一方面，只有基于对问卷结构和题项内涵的深度理解，才能正确把握问题的增删和替代是否会影响整体效度；另一方面，最大限度的精简并不在于删去零星的 1～2 道题目，而是对于整体问卷方向、维度的判断和保留。很多"大"问卷的冗余，并不在于其在重要概念维度上多问几道题，而是在不重要、没有潜

---

① 共同方法变异（Common Method Variance，CMV）指两个变量之间变异的重叠是因为使用同类测量工具，而不能代表两者一定存在关联。

力的方向上多问了几个维度、几十道题。这归根结底取决于我们能否将解决问题的方法定位到一个最佳的范围，而不是"大海捞针"。

例如，有些 HR 在日常设计调查问卷时，即便 HR 系统中有基础个人信息、绩效评价、获奖资质等数据，但为了节约个人精力或确保数据准确，仍然通过问卷收集此类数据。此外，无论什么调查主题，都倾向于测量满意度、敬业度、创新协同等常见概念，最终除了描述现状外，并没有发挥任何具体作用。还有一些排序、填空题型，使问卷填答者反复比较、耗时填写，却并不利于深度的数据挖掘。

当然，专家不仅善于"瘦身"问卷，也能坚持"底限"。过度追求问卷简化也可能造成应该调查的重要问题被遗漏，导致信息不足，而这种错误几乎是无法挽救的。如果需要重新组织一轮数据收集就根本谈不上精简了。因此，应该反复审查是否遗漏想要的数据，把问题考虑全面，"一轮成功"是最大限度的精简。

例如，在离职调查问卷中，很多问题都比"你为什么要离开"更重要且更有价值，而这些提问常常被忽略。例如，"你要去哪里""你是什么时候决定离开的""是否有任何重大事件影响了你的决定""公司是否可以做些什么留住你或者让你愿意回来工作"等。

抽样调查的专业性更强，如果能找到最有代表性的群体，就能大幅缩减调查成本。我们一般都了解随机抽样、系统抽样、分层抽样、整体抽样等几种常见的抽样方法。但在具体实践中，抽样方法对技术与经验的要求很高，不同的管理问题需要高度差异化的抽样调查设计，才能在节约成本的同时避免得出有偏差的结论。

此外，专家也会提出一些有助于提质提效的调查建议。例如，通过设置 AB 卷，减少问卷题数；在日常工作中收集节点数据，不集中在一个问卷中"提问"，实施分步调查；借助绩效系统中的业绩申报与周边评价或 OA 工作日志，提取关键信息，将文字转化为数据，等等。总之，调查的未来趋势，一定是减少打扰，甚至让员工感受不到它。

**3）精益就是让员工除了配合调查，也能有所收获。**

在一些企业里，员工已经被很多设计糟糕、没有反馈的问卷调查"伤害"了。因此，大家对调查常常不太积极。很多人在面对问卷时会问自己："这对我有什么好处？"因而我们需要重视这个问题。因为，即便碍于管理要求，员工反馈了问卷，他们也不一定会尽力提出对管理有利的价值主张，也不一定会支持后续的管理改善。那么这样的问卷调查就是没有意义的。好的问卷设计与实施过程，需要唤醒员工的参与欲与责任心。

首先，问卷调查要有信用，调查后要有行动。谷歌曾分享过一个数据，它在初期推进数字化分析时，第一次调研的回应率是 55%，第二次达到了 65%，第三次达到了 75%。回应率的不断提高说明数字化分析正在赢得员工信任，员工乐于以这一形式推动企业和自身变得更好。

其次，问卷调查要有过程价值。既然问卷本身是一次组织与个体的"书面对话"，那么除了获取员工方的数据信息之外，我们也要考虑能为员工带来什么。例如，某企业员工对频繁组织的在线调查非常反感。在此背景下，公司 HR 发起了一项以"减少工作打扰、提高工作效率"为主题的调研，问卷回应率高达 90%。究其原因，员工在问卷中看到了 HR 部门对"工作干扰"问题的觉察和干预打算。其中，很多题目和选项都表达出对现状的认识和对解决问题的期待，员工还能得到关于时间管理、精力管理的方法和建议，这使备受困扰的员工感到兴奋。他们非但不再敷衍地应付本次调查，反而更加期待持续性的调查，甚至组织一场线下研讨会。

最后，问卷调查要有影响力。在范围上，如果能够邀请到企业高层或权威人士（如技术大咖）来参与调查，将带动更广泛的员工群体高质量地参与进来，而这远比 HR 发送微信通知并持续跟催更有成效。在时效上，如果问卷本身逻辑清晰、表达形式深刻，也将成为与企业文化与工作习惯密切相关的导向和准则，创造一段时间的"焦点"或"热词"，引导员工产生更多的思考和延伸行动。例如，在上述"工作干扰"调查中，所提到的"心流""飞行模式""一小时会议"等观点，就很深入人心。很多团队管理者向 HR 反馈，员工们正在主动"屏蔽"各类打扰，甚至包括来自领导的"习惯性干扰"，以保护好自己宝贵的工作时间。

在精益目标下，专家建议关注以下几点：

- 告诉员工为什么选他参与调查；
- 明确调查后会收到反馈；
- 保密，让员工安心；
- 让有影响力的人发起调查，而不是HR通知；
- 组织一轮有针对性的访谈或研讨，扩大问卷的影响力。

## 8.2　轻量掌握分析技术

本部分将介绍如何处理数据。我们将继续重流程方法、轻技术细节，避免因为技术压力而致使工作止步不前。

### ❶ 对数据进行预处理

"垃圾进、垃圾出"（Garbage in, Garbage out）是数据分析领域的行话。高质量的数据是我们追求的目标，但缺乏数据也不应该成为我们的障碍。在很多时候，我们必须要从不完美的数据中挖掘价值。

我们收集的原始数据通常存在很多问题，并且不能直接分析。这需要分析人员基于专业知识和技能，对数据进行预处理。例如，数据缺失需要分析是不小心遗漏，还是"拒绝"（不想回答，故意跳过）；如果是"拒绝"，那么这份调查问卷应根据调查主题考虑是否进行重点分析或整体作废，并不是简单的忽略或填补均值。

数据的预处理具体包括以下内容：

- 数据审核：检查调研对象的填答率（尽量保证在70%以上）；
- 数据筛选：筛选重复填答、不认真填答、时间过短的填答[1]等；
- 数据清洗：将反向计分的条目转换分值、删除无变异填答[2]等；
- 缺失值处理：将缺失值填补为同类均值；
- 数据变换：将测量同一概念的问题取均值，从而将问题聚合到变量层面。

## ❷ 轻量掌握六种方法

相关分析和回归分析是两种最常见的数据分析方法，基本难不倒具备初级数据分析能力的人。我们可以通过相关分析判断变量间线性关系是否显著，即当一个变量的值增加时，另一个变量的值是否会随之增加或减少，以及增加或减少的程度；还可以通过回归分析确定一个变量对另一个（些）变量的影响程度。在具体操作上，Excel 就可以完成相关分析和回归分析。

### 绩效提升的相关分析实例

某企业为深入剖析并提升员工绩效表现，具体分析哪些因素与员工绩效表现高度相关，从而有针对性地采取措施。经过初步研究，HR 从工作内容的成长性、直接上级鼓励式领导、同事知识共享等角度提出了 8 个问题，并随机抽样邀请员工作答。

经过相关分析，得出相关表格数据如表 8-2 所示。可以看到，对员工绩效表现影响最大的前 3 项因素为：有成长的工作内容、懂鼓励的直接上级和会分享知识的同组同事。

---

① 一般低于 2 秒 / 题的填答需要删除。
② 指所有题目填答的分值完全一样。

表 8-2　相关分析示例

| 变　量 | 1 | 2 | 3 | 4 | 5 | 6 | 7 |
|---|---|---|---|---|---|---|---|
| 1　员工工作绩效表现 | | | | | | | |
| 2　紧密社会网络建设 | .33 ** | | | | | | |
| 3　入职时间长短 | .31 ** | .35 ** | | | | | |
| 4　同事知识共享 | .34 ** | .33 ** | .21 ** | | | | |
| 5　直接上级鼓励式风格 | .38 ** | .38 ** | .13 ** | .14 ** | | | |
| 6　领先行业的技术设备 | .33 ** | .34 ** | .13 ** | .13 ** | .32 ** | | |
| 7　有市场竞争力的薪酬 | .31 ** | .31 ** | .11 ** | .13 ** | .32 ** | .32 ** | |
| 8　工作内容成长性 | .39 ** | .31 ** | .11 ** | .33 ** | .31 ** | .23 ** | .32 ** |

## 迎新活动的回归分析实例

某企业为促进新员工更好地融入，需要具体分析哪些因素将发挥更大作用，从而有针对性地推行管理举措，为新人快速成长创造环境。HR 经过初步研究，从直接上级管理支持、新员工匹配程度、新员工工作压力、新员工态度、行为表现积极性、融入情况自评等角度，提出了 54 个问题，并邀请新员工作答。

经过回归分析，得出回归方程见图 8-1。可以看到（图 8-1 右侧文字越大，表示因素越重要），当员工对入职初期的管理安排满意、入职初期有较饱满的工作任务时，更容易融入新集体；但当上下级对互动关系的建立有不同看法（如领导觉得很关心新员工，新员工并没有感受到），或刚进入新团队就面临复杂的人际关系压力时，融入效果并不理想。

$$Y = 0.315 + 0.012X_{基本信息} + 0.363X_{融入实践满意度} + 0.278X_{融入活动集体性}$$
$$+ 0.138X_{融入活动连续性} + 0.263X_{直接上级引导} - 0.351X_{上下级认知差异}$$
$$+ 0.003X_{岗位特征/自主性} + 0.003X_{岗位特征/完整性}$$
$$+ 0.178X_{岗位特征/工作反馈} + 0.134X_{岗位特征/人际要求} + 0.293X_{工作量}$$
$$+ 0.223X_{时间压力} - 0.198X_{人际压力} + 0.178X_{任务清晰度}$$
$$+ 0.177X_{需求满足} + 0.196X_{能力匹配} + 0.245X_{兴趣满足}$$

图 8-1　回归分析示例

除相关分析和回归分析外，我们有时也会用到降维分析和聚类分析。

降维分析有助于整合聚焦。量化研究通常要分析成百上千个变量所组成的数据集合，如果不对这些变量进行分类、删减或整合的话，就会由于信息太多而失去焦点。可以想象，如果提出几十条管理建议，就等于一条没提。这时，一般可以运用主成分分析法和因素分析等技术，减少变量数目（即因子减员），使分析和解释变得更聚集。例如，假设你想预测分析员工绩效，目前已证明 30余个变量与员工绩效相关，包括经理评价、员工是否实现里程碑、员工培训表现是否好、员工自身发展欲望、上三期绩效表现等。这时候就需要进行降维分析，将 30 余个变量整合为管理者要求、既往绩效表现、员工职业规划等维度，才能聚焦并支撑进一步预测分析。

聚类分析属于分类方法。在日常工作中，除了一些基本的人事标签，我们很难对员工进行分类，导致在问题分析、制度设计时缺少针对性。聚类分析可以解决这一问题。例如，我们可以识别对积极压力（包括工作量、工作时间紧迫性、任务难度等）和消极压力（包括目标模糊、流程效率、要求变化、人际复杂等）有类似感知的员工群体，分类别地对不同群体采取不同形式的干预举措，加大积极压力，消解消极压力，从而提升压力管理的精细化能力。

此外，针对某些主题，问卷调查一般不如进行深入访谈交流的效果好。但是，访谈所获得的文字信息要如何进行量化分析呢？语义分析可以解决这一问题。过去，访谈所产生的非结构化数据，包括视频、音频和大量的文本数据，只能被用来启发研究思路、形成研究框架、指导提出假设和解释数据发现。但如今，借助语义分析技术，我们可以将访谈文本，甚至是研究对象的社交媒体信息作为数据来源，将语言中的重要词频、语气等转化为数据，从而为研究提供更丰富的数据参考。

## 任职资格体系构建实例

任职资格体系是岗位管理与评价的必备制度。过去，胜任一个岗位所需要的知识、技能、素质、行为以及绩效标准，是由内外部专家基于经验构建的。这样粗线条的任职资格体系，并不能为人才的选育提供强有力的支撑。

因此，某企业决定运用科学的方法，基于工作实际为岗位"画像"。项目团队首先采用 BEI（行为事件访谈法）对典型岗位[①]进行访谈，共计获得文本数据约 15 万字。再运用 MAXQDA 语义分析软件（如图 8-2 所示），通过事件描述、行为挖掘和对比分析，为每类岗位提取出个性化要求与分级化标准（如图 8-3 所示），成功构建起为本企业人才量身定制的人才标准体系（如表 8-3 所示）。

**图 8-2　语义分析示例**

| 以"客户关系管理"为例 | 行为分级 |
| --- | --- |
| "业务经理其实最基本的，是做客户关系的能力，最起码能主动去接触客户，去向客户介绍你的东西。" | 一级：保持工作关系 |
| "我基本上不会邮寄材料，都是自己亲自去送，对客户基本上有求必应。相对而言客户就有个对比，觉得咱们还是在态度上不一样。" | 二级：建立良好关系 |
| "你跟客户接触，他其实也是有磁场的，你怎么先赢得客户的喜欢，只要是说他对你个人认可，或者说对你公司认可，在赢得了客户的信任和他的好感以后，这样做业务的话会更顺利一些。" | 三级：建立信任关系 |
| "我理解的优秀业务经理，区域公司需要什么样的支持，就到你这儿就可以了，不需要他再去找别人的时候，你就一定会得到区域公司的全力支持，这件事情可能会超出你的认知或者是权利的范围，这种事情很多，但是没关系可以去协调。" | 四级：积极解决问题 |
| "主要在于维护客户关系，目前大客户针对的都是集团型客户，你要接触到高层其实还是很难的，要争取和他们的老总对话。站在他作为一个集团公司的财务老总的维度去看他现在做这个事情的规划，这个能力有待提升。" | 五级：对话高层，长期合作 |

注：为访谈转译的口语化语言

**图 8-3　基于语义分析提取行为分级描述**

---

① 每类岗位选取 5 名绩优员工和 2 名绩普员工，以筛选影响业绩差异的关键要素。

**表 8-3　基于语义分析形成任职资格描述**

| 项目名称 | 项目定义及行为标准 | | |
|---|---|---|---|
| 客户关系管理 | 与客户建立并保持良好的工作关系，针对行业特点和客户需求，运用各方资源完成工作 | | |
| | 分级 | 关键词 | 行为标准 |
| | 一级 | 保持工作关系 | 与客户保持工作相关的接触，维持正式的工作关系 |
| | 二级 | 建立良好关系 | 能够给业务伙伴及客户留下较好印象，建立良好的工作关系 |
| | 三级 | 产生信任关系 | 在业务往来中，能够敏锐地把握客户的性格特点和利益需求，建立信任关系，必要时能说服合作方认同己方观点 |
| | 四级 | 积极解决问题 | 发生重大售后问题时，能够迅速识别问题原因及整体关系，并能够采取积极的措施，最大限度地减少不良影响 |
| | 五级 | 对话高层长期合作 | 能够有效地对话客户高层，建立长期稳固的合作关系，能够独立解决项目的冲突与问题，保障项目的顺利推进 |

最后，我们介绍 Python 的应用。Python 是一个超级强大的数据分析工具，它对于探究规律、实施盘点、分析机制等管理难题，有"快刀斩乱麻"的成效。此外，它功能强大，可以发挥作用的人才管理场景包括以下内容。

- 数据分析和报告：使用 Python 的数据处理和分析库（例如 Pandas 和 NumPy），可以清洗、整合大量的人力资源数据。

- 报表自动化：使用 Python 的文档处理库（例如 Openpyxl 和 PyPDF2），可以读取和编辑 Excel 和 PDF 文件，将数据从不同来源整合到一个报表中，用于自动化生成报表、工资单或其他重复性的任务。

- 人才信息爬取：使用 Python 的网络爬虫库（例如 BeautifulSoup 和 Scrapy），可以定向抓取各种招聘网站上的有效信息。

- 招聘过程优化：使用机器学习算法或自然语言处理技术，从大量应聘信件中提取关键信息，对候选人简历进行自动筛选和匹配。

- 员工离职预测：利用机器学习算法，分析员工的行为和特征，预测员工的离职风险，提早发现员工的离职倾向。

## 顶尖科学家成长规律分析实例

为探索高层次科研人才的培养方式和有效举措，某企业立项研究"顶尖科学家成长规律及管理启示"，希望以此为依据创造有利于科研人才加速成长的最佳环境。项目组创建了近现代世界战略科学家研究库，主要包括诺贝尔奖获奖者、国家最高科学技术奖获得者、"两弹一星"功勋科学家等 436 人。同时，基于 Python 技术开展信息整合、履历分析与量化研究（如表 8-4 所示），总结出少年成名、优势积累、潜质为要、团队依托、链式效应、成长清障等 6 项顶尖人才成长规律（如表 8-5 所示）。

表 8-4　研究过程示意表

| 信息来源 | 科学家主页 | 收集内容 | 个人与家庭基本信息 |
|---|---|---|---|
| | 科学著作 | | 个性特征 |
| | 人物传记 | | 学术履历 |
| | 百科网页 | | 特殊经历 |
| | 研究文献 | | 外部评价 |
| 编码系统 | 序号 | 以康拉德·伦琴为例（用 0/1 表示是否涉及） | |
| | 1 | 天赋异禀 | 0 | |
| | 2 | 勤奋/坚忍不拔/倔强 | 1 | 在 7 周之内，这位科学家独自在自己的实验室里研究新的射线及其特性，为排除视力错觉，他利用感光板把他在光屏上观察到的现象记录下来；他甚至吩咐把饮食带到研究所去，并在那里安放了一张床铺，以便不中断利用仪器，特别是利用水银空气泵进行的研究工作 |
| | 3 | 志向/抱负/明确的目标/战略思维 | 0 | |
| | 4 | 对工作领域强烈的兴趣爱好 | 0 | |
| | 5 | 发现、选择前沿问题的眼光与能力 | 1 | 选定"空气的比热"课题，以《各种气体的研究》这一杰出论文获得哲学博士学位 |
| | 6 | 求学期间表现优异 | 1 | 面试后免试进入苏黎世工业大学学习机械工程；毕业成绩优异、破格提前获得机械工程师资格证书 |
| | 7 | 师承名师 | 1 | 师从孔特（德国第一流实验物理学家，具有敏锐的洞察力和非凡的实验才能） |

续表

| | 序号 | 以康拉德·伦琴为例（用 0/1 表示是否涉及） | | |
|---|---|---|---|---|
| 编码系统 | 8 | 优秀、默契的合作者 / 团队 | 0 | |
| | 9 | 家庭环境 / 亲属影响 | 1 | 父亲是毛纺厂小企业主 |
| | 10 | 重要他人 / "贵人"相助 | 1 | 成为孔特实验物理研究所助手，且孔特对伦琴尤其厚爱 |
| | 11 | 志同道合的同学或同事激励 | 0 | |
| | 12 | 时代环境影响 / 前人积累 / 把握机遇 | 1 | 自 1540—1895 年间与 X 射线的发现有关的科学家有 25 位，其中有波尔、牛顿、富兰克林、安培、欧姆、法拉第、赫兹、克鲁克斯、雷纳德等，伦琴在他们的基础上加以自己的努力探索取得成功 |
| | 13 | 机构（学校 / 实验室等）环境影响 | 1 | 苏黎世工业大学（伦琴就读大学）有许多著名教授 |
| | 14 | 关键的职业流动 | 1 | 1870 年与孔特一同前往维尔茨堡大学任教；1872 年一同到斯特拉斯堡大学工作；1879 年由于杰出研究工作在济森大学取得教授职衔，主要研究"光"和"电"的关系；1888 年到威茨堡麦米伦大学任物理研究所所长；1894 年被选任为威茨堡麦米伦大学校长 |
| | 15 | 创造力强 | 1 | 学位论文的评语：在数学物理学方面具有丰富的知识，表现出独立的创造才能 |
| | 16 | 精力旺盛 | 0 | |
| | 17 | 哲学思维 | 1 | 大学选修哲学和多门自然科学课程 |
| | 18 | 报效国家 / 服务人类 / 品格高尚 | 1 | 谢绝贵族称号、不申请专利、不谋求赞助，使 X 射线的应用得到迅速发展和普及 |
| | 19 | 治学严谨 | 1 | "我必须一而再，再而三地做同一实验，以绝对地肯定它的存在" |
| | 20 | 善于领导 / 人际网络 | 0 | |
| | 21 | 遭遇挫折 | 1 | 高中被开除学籍、遭遇不公待遇 |
| | 22 | 谦虚 | 1 | "假如没有前人的卓越研究，我发现 X 射线是很难实现的" |
| | 23 | 培养人才 | 0 | |

表 8-5　顶尖人才成长规律表

| 一般规律 | | 维度 | 定 量 分 析 |
|---|---|---|---|
| 1 | 少年成名：天赋保障先发优势 | 天赋异禀 | 38% 的战略科学家在履历中被明确评价为"天赋异禀"，在青少年时代就表现出异于常人（例如朱棣文、钱永健、高锟幼时就痴迷小实验、小发明；伽利尔摩·马可尼幼年时就在家中设立了自己的实验室）。 |
| | | 少年得志 | 46% 的战略科学家发布诺贝尔奖获奖成果的年龄在 37 岁前，103 位战略科学家修完各级学业时明显比同时代学子年轻。少年成名后帮助青年科学家提前占据科研资源，促进加速积累，使科研巅峰大幅提前。 |
| 2 | 优势积累：成功加速孕育成功 | 师出名门 | 56% 在哈佛、哥伦比亚、伯克利等顶尖大学就读，68% 有留学与国际合作经历，42% 的诺贝尔奖获得者与前获得者存在学缘关系或合作关系（含助手），"两弹一星"功勋科学家中 13 位是叶企孙的学生或学生的学生。 |
| | | 谋得高就 | 48% 曾供职于哈佛、斯坦福、普林斯顿等顶尖大学或贝尔、橡树岭、卡文迪许等国家实验室。 |
| | | 家庭积累 | 50% 的父亲是技术人才、经营者或管理者。 |
| 3 | 潜质为要：脱颖而出借力发展 | 脱颖而出 | 52% 的战略科学家在早期是靠自己的卓尔不群"冒"出来的，然后再遇到"伯乐"。 |
| | | 激活潜质 | 45% 的科学家提及"天赋""品格"决定成败，大部分属于"潜质—激活型"。 |
| 4 | 团队依托：顶尖人才成群结队 | 超级团队 | 个人最大合作范围为 511 人，74% 诺贝尔奖授予团队，最大团队规模为 112 人；有 18 组合作年限超过 20 年的"超级合作者"，25% 提及拥有数倍于"内部团队"的外部团队或科学家好友提供多元化的科研支撑，32% 的诺贝尔奖得主出自同源团队。 |
| | | 创新碰撞 | 为促进交流碰撞，贝尔实验室走廊被设计得很长，管理者有意识地将理论家（例如物理学家、冶金学家）和实践者（例如电器工程师）混合组队，让拥有足够高天赋异禀的人能够不断交换思想，促进灵感的火花形成火焰。 |
| 5 | 链式效应：促进头雁快速破冰 | 头雁效应 | 一位战略科学家平均带动团队科研产出（不含本人）增加 45%，战略科学家的最大贡献并不在于直接产出，而在于点燃同事的热情以及吸引"未来之星"加入。 |
| | | 持续创新 | 65% 的战略科学家被评价"不故步自封、不自我设限"，在获得诺贝尔奖后仍在科研一线平均奋斗了 16 年。 |
| 6 | 成长清障：能力"解锁"缺一不可 | 清障模型 | 14 项清障因素：职业道德、工程问题解决能力、专业扎实、终身学习、多学科团队组织能力、宽广的知识面、一流专家指导、运用先进设备及工具能力、战略思维、研究方向选择眼光、参与发挥个人作用的项目、领袖魅力及领导能力、人际网络与协作、设计方案与试验能力。 |

### ❸ 借助管理思维降低难度

随着大数据技术在管理中的普及，复杂的数据分析逐渐被推上神坛，但富有经验的管理者可能已经意识到，任何数据分析方法都应当在管理思维的引领下才能发挥其应有的作用。所谓"管理思维"，是指对管理问题的深刻认识，能够把握数据分析的方向，并将结论对应到管理问题的症结上。换言之，与学术研究对数据分析的要求不同，管理实践中的数据分析更强调管理分析。对管理问题的理解越深刻，数据分析的难度就越小。

例如，预测分析在技术上的难度较大。按照德勤对数据分析的 4 阶[①] 划分，预测分析是最高阶水平。预测方法一般包含线性回归和多元回归、回归树、神经网络、支持向量机和时间序列分析。预测分析需要利用现有数据"训练"出预测模型，并根据实际不断调试迭代模型，提高预测精准度，从而推动管理者预先介入并进行干预。由于预测分析是基于过往趋势来预估未来，是管理建议的"源泉"，因而具有突出的实践意义。

但是，管理问题的预测并不需要"神"化的数据分析，而需要管理分析。以高潜人才预测为例。通过分析青年骨干科研人员的特点，我们发现好奇心、内驱力、系统思维、业余爱好等因素对持续保持科研活力与优秀业绩至关重要。因此，可以通过增加对以上因素的测评，减少对学校、学历、成绩等因素的关注，来提升对人才潜力的预测能力。在这个过程中，好奇心等因素的提取就属于管理分析，而这大大降低了预测分析的神秘感。

再以离职预测为例。在技术上，我们可以盘点与离职相关的心理、行为与结果因素，对这些"迹象"进行标准界定，只要发生了超出或低于标准范围的情况，就实现了简单的预测。同时，在管理上，离职预测不是指向员工"想"离开，而是从企业角度认为他"会"离职。即，企业没有提供与员工价值相匹配的环境与资源，按常理看，员工应该产生离职倾向了。例如，员工 A 薪酬远低于市场薪酬；员工 B 与同资质、同龄人相比成长速度过慢；员工 C 所在的专

---

① 　1～4 阶分别是被动报告、主动报告、战略分析和预测分析。

业通道人才积压严重等。因此，离职预测的管理分析重点，在于发现哪些员工需要被"善待"。在百度，被离职预警的员工不会感到焦虑，因为他很可能即将被公司晋升或加薪。

## 8.3　提出有行动价值的结论

你不需要展示 1 吨的数据，你必须给出结论。

——道恩·克林雷弗（Klinghoffer）（微软 HR 智能负责人）

将数据转化为结论并非易事。从数据到结论并不比收集数据、分析数据更容易。经常有人调侃一些调研项目只是摆事实、讲道理，而无法提供有价值的结论。这其中，除了确实缺少数据支撑外，还有可能存在不会解读数据、结论没有新意、担心受到质疑、谁提建议谁负责等多方面的问题。但无论什么原因，管理者都必须具备"下结论"的能力，才能推动管理创新收获成效。

### ❶ 检查结论是否可靠

针对初步数据分析结果，我们应该再次检查以下问题。

- 是否选择了合适的数据源？用什么数据更可靠、干扰更少？例如，是用招聘满足率和招聘周期来衡量招聘专员的工作绩效，还是用有效简历推荐率、面试通过率？这取决于我们更关注个人努力还是工作产出。
- 到底是因果关系，还是相关关系？当我们从相关性中推断因果关系时，应该极其谨慎。可能还有其他变量在解释相关性时发挥着关键作用，但这些变量并没有包括在现有的分析之中，而这将削弱或否定因果关系的存在。
- 数据分析是否保持在同一层级？数据分析包括个人、团队和组织三个层级。跨层级分析因为缺少足够的信息支撑，会导致无用和无足轻重的结果。例如，所有团队成员的个人绩效不等于团队的绩效。

- 我们的期望值高低是否会影响结果？我们是否带着强烈的预设去分析数据，寻找能够证实假设的证据，因此忽略或排除相反的证据？
- 我们是否充分考虑了场景或环境？例如，绩效优秀是因为员工个人的能力突出，还是因为他所在的团队给力？绩效落后是因为员工个人问题，还是存在管理者因素？当我们比较两个有不同管理者的员工群体时，也要考虑管理者作为"环境因素"的差异性。

## 明星分析师的绩效模型

哈佛商学院的鲍里斯·格鲁斯伯格教授曾经分析过明星股票分析师[①]。从 1988 年到 1996 年，他和他的团队分析了 78 家美国投资银行的 1052 名表现最佳的股票分析师的绩效。这些明星分析师帮所在公司赚了数百万美元，成为其他公司争先猎聘的明星。但是，格鲁斯伯格发现，当一名明星分析师跳槽后，他的绩效开始出现下滑的趋势。数据显示，47% 的明星分析师在离职一年内表现糟糕，绩效下滑约 20%，甚至在 5 年后也没有恢复到最初的水平。

那么，为什么会出现这种情况呢？原因是这些明星分析师的绩效不只与其个人技能部分相关。分析师并不是一个人的"乐队"。他们所在公司的系统、流程和团队支持，极大增加了其成功的概率。如果他们离开原公司，就无法带走这种特定的组织资源。此外，出于对表现出众者（以及薪资水平）的不满，其他经理会避开新人，甚至拒绝与其合作，而这会进一步影响他们脱颖而出。

- 我们是否忽视了重要因素？由于认知局限，研究不可能穷尽所有可能性，但我们需要争取发现真正的逻辑，并做出可靠的结论。本书提供一个经验——当你发现一个有意思的结论时，尤其要重新审视数据。

---

① 案例选自《哈佛商业评论》，2004 年 5 月。

## 性别与创新行为有关系吗？

一家公司在分析员工的创新行为时，发现男性员工表现得更加出色，在创新项目中更加投入。这个发现与之前有关性别差异的文献是一致的。然而，当项目组再次审视这些数据，并与员工代表反复交流时，发现该公司的合伙人大部分是男性。他们有权提出创新的想法、推广这些想法，并且在组织中实施。在非合伙人的员工队伍中，女性比例也较低，她们能展示这些行为的自主权更少。当控制住员工职级这一变量，再进行数据分析时，性别差异就完全消失了。男性和女性在创新行为方面的差异完全可以通过他们在个人资历或权威方面的差异来解释。

### 部门间比较的常见问题示例

一般而言，新员工几乎总是比老员工更热情、积极地回答调研问题。相反，老员工由于在公司成长速度的放缓和在职时间的增加，相对新员工会有更多的负面情绪。因此，如果在评价管理成效和领导力等问题时，将新员工占比 10% 的部门与占比 50% 的部门进行比较，是不公平的。也就是说，新员工占比的因素不能被忽视，新员工占比多的部门的得分将具有明显优势。

### ❷ 从业务视角解读数据

解读数据就是将数据"翻译"成管理语言。数据结果是客观的、刚性的，但解读数据是主观的、弹性的。从不同角度、不同条件去解释同样的数据，可能会得到截然不同的结论。如果说数据收集和分析能力的本质是数据思维，那么数据解读能力的本质是管理思维。因此，外部专家并不适合继续在数据解读环节"唱主角"，业务专家、管理者、HR 及员工需要发挥其主要作用。尤其是业务专家，他们更加熟悉数据背后的故事，更能看懂数据。

需要注意的是，从问题分解到模型构建，从数据选用、收集到分析，每一步都有极大的自由度，也由此会持续积累或大或小的偏离度。因此，数据解读这一步骤承担着终极"纠偏"的重要任务。

解读数据需要业务思维。图 8-4 为某企业解读数据的实例。在同步分析人才活力与离职倾向后，项目组绘制了活力与离职的关联曲线。却遇到了解读困难：为什么会存在图 8-4 中的"鱼尾区"和"波动区"？——这就要回到业务中找答案。

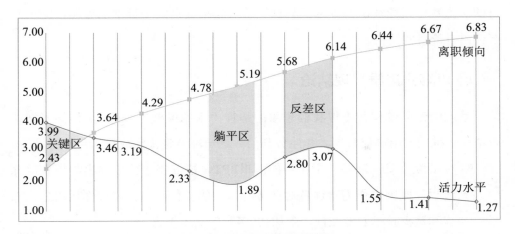

**图 8-4 活力与离职关联曲线**

在业务部门领导和关键员工的支持下，项目组发现了数据提示的 3 个群体：

- "关键"群体——活力高、离职倾向低。他们在高活力的同时，对组织抱有较高的承诺感，应当作为关键群体予以重点关注；
- "反差"群体——活力一般，离职倾向高。这可能由于他们面临较大的工作压力或进入了发展瓶颈而产生较高的离职意愿，应当作为高危群体及时干预；
- "躺平"群体——活力低，离职倾向一般。他们可能由于其专业能力的匮乏而缺少市场竞争力，希望在组织中寻求稳定的保障，对这一群体应当考虑转调甚至淘汰。

此外，解读数据也需要交叉和对照思维，防止片面性。这是另一种视角的补充方式，有助于提高结论质量。例如，离职率高对公司来说是好事还是坏事？单看数据，离职率逐步上升，情况似乎很糟。然而，如果将关键人才这一变量加入模型呢？也许会看到关键人才离职率低于公司平均离职率，这种情况就比预想的好。如果按绩效将关键人才进行分类，看到高绩效员工离职率低于公司平均离职率，而低绩效员工离职率高于公司平均离职率呢？情况就更好了。通过这种方式，我们才能正确地判断所采取的人力资源举措是否有效。又如，敬业度指数为 70，新员工平均融入时长 9 个月，是好还是坏？这些都需要以自身的历史数据或同情况的外部标杆做比较。如果数据缺少标准的参照，就很难解读出有价值的结论。

### ❸ 以客户思维呈现结论

呈现结论的过程并不像我们想象的那样"水到渠成"。相反，你如何把调查结论"推销"给高层管理者和业务部门？这一环节将决定成败。

- 标准版本是：准备一个精美的汇报PPT，覆盖整个问题提出与调查研究过程，既突出作为管理者对业务与人才的责任心，又展现你运用理论知识和数据技术的专业性，附加100多页的文本报告。

- 可能的效果是：在1.5小时的汇报时间里，听众们感受到"信息过载"。面对一个你研究了3个月而听众只听了1.5小时的问题，大家很难从大量信息中捕捉到与你想强调的内容一致的记忆点。他们最终会提出一个永远重要的问题：你怎么解决你提出的问题？

上述情况就是不够理想的呈现方式，在一定程度上掩盖了调查研究的"亮点"。这归根结底是因为不够"客户化"，对大家需要听到什么缺少关注——只管发射量，不管接收量。亚马逊在这一方面已有对策，本书在前面提及亚马逊禁用PPT；而作为替代，他们采用以下两种高效表达观点、提高沟通效率的文本形式，具体供大家参考。

### 亚马逊的一页纸和六页纸

为了将极致的客户思维运用到内部管理效率提升上，亚马逊提出在会议中"禁用 PPT"，而使用一页纸或六页纸的文本进行沟通。公司认为，PPT 的信息密度过低，且形式大于内容，有诱导性观点，严谨性、客观性不足。相应地，亚马逊认为纸质材料的信息密度高①，阅读效率高②，可以为阅读者提供证据语境，支持后续分析和比较。

一页纸和六页纸是"以终为始"的成文形式。一页纸是"新闻稿"，六页纸是"常见问题"。在新建议（新产品）首次提出或立项时，负责人要写出这两种文章，设想最终怎样向公众推介。在这种情况下，大家现在所看到的内容就是最终要实现的效果，可以"一举两用"。项目负责人也不需要再花费额外精力，以精美的形式修饰成果、提高预期并赢得支持，而可以将主要精力用在思考功能与价值上。

提出结论作为调查研究的"最后 100 米"，本章提供以下三个经验。

- **降维呈现，让人听懂**。结论必须足够简单。有一种说法是，如果你不能简练地表达你的结论，就说明你没有研究清楚。同时，只说最重要的，不能"倾倒"结论。如果调查发现20项结论，要试着只呈现最重要的5～8项。

- **完整计划，集中破局**。如果没有形成一个具体的、可以解决问题的后续计划，就不要去公开发布（小范围的工作进度汇报除外）。研究表明，在聚焦操作性分析而非数据性分析上，人们更愿意（和能够）根据你的发现采取行动。当员工们纷纷热议调查结论时，更容易发酵出抵触、否定等负面情绪，而对解决问题转变成"围观者"角色，不利于后续成为管理改善的参与者和支持者。相反，如果能够将调查结论结合小范围试点成效与经验同时发布，员工既能在事实面前增强信心、突破执念，又能增强管理者的信任，形成更加有利的局面。

---

① 据亚马逊测算，常见的 Word 文档采用 Arial 字体、11 号字，每页的字符数平均为 3000~4000 个。而在分析最近 50 次 S-Team 会议的 PPT，发现每张幻灯片所含的字符数平均仅为 440 个，即 Word 的信息密度是常见 PPT 的 7~9 倍。

② 亚马逊估计，人的阅读速度比说话速度快三倍。因此 Word 可以在更短时间内传达更多信息。

● **定向分享，双向受益**。最后，我们需要考虑和谁分享结论。调查结论应
该是多人多面的。向高层管理者汇报的是全面的，需要提供预期，以此
来赢得认可；与业务部门的沟通是以结果为导向的，需要明确价值，赢
得支持；向全员的宣贯是简单易懂的，需要提出计划，赢得行动。此
外，更要谨防把结论告诉错误的人（一定要明确谁可以知道，谁不能知
道）。例如，无论是创新力评估还是离职预测，都要严格把控结果反馈
的层次和范围，以免组织和员工被数据驱使，导致更多不创新、想离职
的行为事实。

# 第 9 章
## 第七步：切实行动起来

　　在开展调查并得出结论之后，最重要的就是推动大家行动起来。谷歌在"氧气工程"中先后获得的反对与支持，充分说明了管理创新必须要有所行动。创新是否能产生价值，就在此一举。

　　实际情况其实不容乐观。很多管理创新因缺少应用改善而成为被束之高阁的"库存"。所提出的结论与建议要么不用，要么浅用，这使得管理创新成为一项管理者或管理部门主导的封闭性工作，而非员工参与的开放性实践。

　　大家为什么会走到这一步呢？这不是简单的"忽视"。

- 首先，很多结论与建议并不可行，这是"动"不起来的主要原因。例如，向小部分关键员工提供特殊福利可能会解决人才流失问题，但组织能否承受放弃另外大部分员工满意度的代价呢？

- 其次，创新团队不够自信，不确定结论与建议能够带来实际改变，尤其在遇到一些反对和质疑时不够坚定。

- 最后，"纸上谈兵"的责任并不都在发起者身上。高管不重视、不予"放行"，员工不买账、阅后即忘等，都阻碍着管理者成为"行动派"。

　　总之，历经前六步得到的管理结论与建议能否投入实践，决定了人才管理创新的成果是好看还是好用。在这一阶段，问题与价值都会被加倍放大，创新者和创新团队需要投入更多的精力与资源，加大沟通与行动力度。因此，我们建议采取先试点、再推广的方式稳妥推进。**本章介绍人才管理创新七步法的第七步：切实行动起来**。通过分享从试点探索（一小步）到推广优化（一大步）的方法与策略，帮助大家找到抵抗惯性并推动改变的有效力量。

　　阅读本章你会收获：

- 成果试点的3个方法
- 全面推广的2项建议

## 9.1 试点检验创新成效

试点是研究与实践的"连接器"。它既能"承前"，对数据模型进行实践性验证，推动研究成果尽快地投入应用；又能"启后"，对应用实践进行最小化的尝试，通过不断积累经验、探索策略、精益方法，我们能获得推广优化的宝贵经验。更重要的是，相对于"一下子铺开"，试点更容易让大家接受，能够大幅降低"动"起来的难度。

### ❶ 施加行动压力

怎样推动试点？我们需要在组织内部制造出建设性的紧张感，以下是一些具体策略。

- 高层管理者需要提出明确的落地要求。这会使项目组保持务实的工作态度，不会天马行空、脱离实际地做研究。
- 项目组需要向上管理。尽可能地扩大影响力，争取获准投入应用（至少先进行小范围试点）。同时，项目组要对业务部门倾注精力，推动他们根据结论采取行动。"我们需要想办法让他们对所有结论采取行动，而不是只选择熟悉的、喜欢的、省事的建议。"[1]
- 员工也可以推动落地。例如在调研时积极地表达反馈与诉求。虽然个体力量单薄，但也能形成积极的助推氛围。
- 此外，还可以借助工具和流程来发挥约束作用。就像下述丰田、摩根大通和唯品会等公司的做法一样，要求量化项目成果，强调不作为的后果，固定行动流程，而这些都能确保大家真正行动起来。

丰田公司坚定地认为，应用改善是管理创新的价值落脚点。"A3 报告"（见图 9-1）就是一个非常适用的精益改善评估工具，既能"一目了然"，又能确保

---

[1] 帕特里克·库伦，荷兰银行人力分析负责人。

"一干到底"。这个工具要求用精炼直观的文字、数据和图形，把问题分析、改正措施、执行计划以及取得成效囊括在一张大的 A3 纸上，用来闭环式地解决问题的价值创造过程。如果提出创新想法却不推动应用改善，就完不成"A3 报告"，这可以在一定程度上保障管理提升的完整性和成功率。

| 部门： | 项目名称： | 时间： |
| --- | --- | --- |
| 1）现状描述（简要说明背景、范围和问题，用数据说话） | 4）工作计划（制订年度工作计划列表） |
| 2）原因分析（使用方法工具分析当前问题，列出主要原因） | 5）项目进展（采用图表等形式说明工作计划进展及百分比） |
| 3）对策与目标（针对主要原因采取对策，制定量化目标） | 6）成效评估（改进前后对比，总结提炼） |

**图 9-1　精益改善工具——A3 报告**

摩根大通集团董事、全球人力资源分析负责人伊恩·奥基夫采用更直接的方式鼓励大家采取行动。他用计算机统计模型对不实施建议的结果进行预测，并将结果展示给利益相关者。例如，他测算出不对绩效较差的员工进行管理的整体成本，并强调这是企业不需要承受的代价。

唯品会为提升技术型经理人的管理能力，设计开展了"M+"行动学习项目，借助项目的流程方法，可以确保参与者有始有终，务求实效。该项目为期 6 个月，历经"确定项目问题—成立行动学习小组—开展行动学习启动会—小组催化解决方案—小组实践方案—总结与评估—固化与分享" 7 个核心步骤。项目设计了"行动学习七大议题"，并组建了 6 个背景多元的行动小组。每个行动小组在领取各自的议题后，通过基础调研、头脑风暴、员工沟通等多种方式解析议题，并在集中研讨会中集思广益，提出解决方案和配套实施计划。各行动小组于会后执行计划，并在执行过程中持续研讨、修正方案，最终形成试点实施成果及推广落地计划汇报。

## ❷ 开展管理实验

试点其实就是管理试验，在小范围内测试结论与建议是否真的有助于管理改善。其基本方法是，在试点前进行事先测量（也称前测，Pre-testing）；在引入变化，并使之发挥作用后，进行事后测量（也称后测，Pro-testing）；最后，比较前测与后测的差异值。如果前测与后测没有差异，就说明引入的措施没有效果，反之则说明有效，在具体分析两者的差值后还能了解有效的强度和条件。

在实践中，其实我们经常在做管理试验。例如，管理者在决定最终选用或晋升哪一位候选人时，会让两位或多位候选人完成相同或类似的工作任务，再根据其完成的结果进行选择。又如，我们在研究员工薪酬与工作绩效的关系时，会比较薪酬变化与绩效变化的关系。

在此过程中，要重点关注以下三点内容。

- 一是"控制"。要保证其他可能造成影响的因素不变，才能实现有效验证。例如，在研究上述薪酬与绩效的关系时，要将学历、性别、工作环境等因素控制住，才能得出可靠的规律或结论。

- 二是"分组"。可以将不同变量在不同范围内同时进行验证，节约时间。一般可以设置一个对照组和几个试验组。例如，为了验证薪酬与绩效的关系，可以同时设置对照组（什么都不变），试验A组（提高薪酬）、B组（降低薪酬）、C组（提供认可激励）和D组（发通知即将推行薪酬变革）。分组依据可以是不同团队、不同区域、不同时长（如A组实施1周，B组实施2周）或灵活度（如A组固定规则，B组自选规则）等，这在设置上非常自由。

- 三是"细节"。在设计管理试验时，还应该关注如何设置具体环节、如何与参与者沟通、是否实施盲测、如何有效地实现控制对照等。在必要时，应主动寻求专家提供技术支持。

## 携程实施居家办公试验

携程于 2013 年面向呼叫中心的员工开展了为期 9 个月的居家办公试验。该试验事先征集员工居家办公的参与意向，筛选出有意参与的员工，并随机分配人数相当的试验组与对照组。试验组员工严格遵循 "4 天居家 +1 天办公室" 的工作安排（由公司统一指定办公室工作日），对照组员工则维持 "5 天办公室" 的工作安排，不做任何调整。携程在试验开始前一个月及结束后的当月向所有参与员工发放问卷收集满意度、居家体验等相关评价，并追踪了试验开始前一个月至结束后一年内的员工绩效表现。通过对比试验组与对照组的绩效表现、满意度等差异，携程成功检验了居家办公的差异化措施和有效保障。

自 2022 年 3 月起，携程宣布在全公司推行 "3+2" 混合办公制度，对符合条件的员工提供相对灵活的工作方式，员工每周三、周五可以远程办公。它是国内首家推出 "3+2" 混合工作制的大型公司。在全面实行混合办公制度前，携程进行了长期的混合办公实验，在制度设计和日常管理方面均积累了丰富的经验与方法，这使得公司在满意度提升和离职率下降上都收获了积极回报。

### ❸ 实施跟踪分析

试点过程不能以速赢速效为目的，相反得到更可靠的结论与建议至关重要。因此，在实际需要及时间允许的条件下，我们可以尝试实施跟踪调查研究，不急于下最后结论。

跟踪研究是对管理结论与建议的强化研究过程。通过在多个时间点上反复验证相关联系或条件的稳定性、动态性，提升结论与方法的可推广性。例如，某些措施对新员工入职融入有促进作用，但是因为这仅仅出现在一次研究中，所以我们无法确定这种作用能够持续多久，以及在长期实践中如何变化。要解决这类问题，就要在一定时间内重复实验，以得到更加可靠的结论。

以人才管理实践为例。大多数人才政策和机制几乎是不容错、不可逆的。例如，HR 不可能去验证提高薪酬能否强化激励效果、增加假期并减少补贴是否能够行得通或者实施弹性工作制能否真正地提高工作效率等。这些想当然可以"试"的事，其实并不可行。员工对"提高后再降回来、增加后再减少"会有不满，该举措未解决问题反倒创造了新的矛盾。

基于这点考虑，腾讯 HR 在实施"活力计划"时就没有急于试点推广，而是将这项战略性任务的周期拉长，实施跟踪研究，以至少 5 年以上的数据积累为基础，结合更加精确的技术与方法，让"活力模型"发挥更大价值。

## 腾讯动态验证"活力模型"

为了识别富有活力的团队，向其定向配置优质资源，腾讯成立活力实验室，专责构建并实施"活力模型"（如图 9-2 所示）。依托强大的研究分析能力，活力团队迅速构建起"四力模型"以及相应的指标体系，并完成了初次测量。

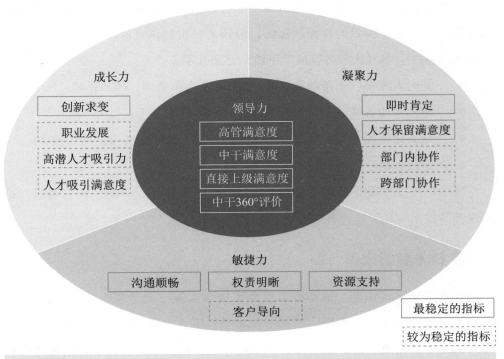

图 9-2　腾讯"活力模型"基本框架

团队发现，虽然模型可以识别出高活力部门／团队的基因（见图 9-2），但这些因素在业务快速迭代、人员频繁流动的工作环境下，并不稳定。如果以此作为资源配置标准，确实说不清是"资源激发活力"还是"活力吸引资源"。因此，团队决定不以结果为导向，而实施跟踪研究，每半年评估一次，暂时只观测不应用。在真正掌握活力驱动机制之前，拒绝求新求快地推出任何建议与措施。

## 9.2  加力完成推广优化

在完成试点后，我们基本具备了扩大应用的条件。此时，传统发公文、发通知等命令式的推动模式，容易造成"上有政策、下有对策"的局面，难以达到落地成果、跟踪提效的目标。那么，应该怎样推动试点经验的推广，从而实现管理改善呢？本书认为可以从以下四个方面入手：

- 一是因人成事，如推动设置HRBP或业务人员兼岗，专责落地；
- 二是为管理者赋能，从改变管理者入手，以上率下；
- 三是固化流程，将管理改善纳入工作环节、人才标准或绩效考核中；
- 四是技术赋能，借助技术实现持续优化。

其中，技术赋能是效果最显著、最持久的未来之计。下面，我们着重讨论如何借助技术实现管理改善与固化。

### ❶ 技术赋能改善

谷歌很早就认识到，谁都不可能持续性地监督一个管理建议的落地改善，只有技术能够发挥这个作用，帮助行动者坚持下去。因此，谷歌 HR 团队运行的大部分管理创新项目都追求以技术赋能管理，把基于研究的管理创新建议和方法固化下来。在大多数企业还专注于 HR 事务、HR 专业时，谷歌已经将时间和精力放在 HR 项目和 HR 科技上了。

## 谷歌开发 qDroid 程序提升面试效率

谷歌基于研究发现，管理者花费在新员工身上的面试时间过长（平均 5～10 小时，有时甚至达到 10 轮）。特别是，多轮面试并不能有效地预测未来绩效和留任意愿，在面试流程中其实存在较多的人力浪费。例如面试官通常在面试前 5 分钟就已经做出决定，剩下的时间不过是在寻找线索印证第一印象。

因此，谷歌提出：候选人面试不能超过 4 轮，同时应尽快开发更有效率、更加精准的招聘技术。最终，谷歌设计出一款名为 qDroid 的应用程序。通过这个程序，面试官在输入候选人的工作职责后，能够相应地生成结构化问题（问题库基于研究确定并保持更新）。面试官不能自发地提问，因此面试结果不再受偏见影响。面试官会把候选人的回答储存在程序中，并按照明确的标准给候选人评分。最后，所有信息最终被转换为一个得分，这个得分已被证明可以有力地预测候选人的未来绩效。

紧跟谷歌的脚步，很多公司也发现了技术的高效推动力。一些基于研究的管理优化建议，例如改善员工入职体验、设计定制化薪酬方案和促进协作交流等方面，如果没有技术支撑，再好的想法也很容易落于空谈。

## 平安集团实现新员工极速入职

如何解决新员工在入职前两周都在跑入职流程的问题？平安集团在 HRX 系统中开发了"极速入职"功能，将新员工入职流程压缩到 10 分钟。

具体流程是：当员工收到录取通知时，可自行在手机上安装人力资源系统 App，并在手机上进行身份验证和体检预约，体检结果会直接提交至 HR。新员工可以在手机上进入合作银行的页面，在线提交开卡申请，完成工资卡的开立。在入职报到前，新员工在手机上就可以完成个人信息的补充完善和企业制度的学习。通过使用电子合同和电子印章技术，新员工可以在线完成劳动合同的签订。待劳动合同签订后，HR可以将各类证卡的办理申请、办公用品申请、办公计算机申请、办公工位申请和各类系统用户申请等事项一键发送至各相关业务部门。新员工入职当天，其各类账号已经开立，办公用品、办公计算机和办公工位已经就位，新员工可以立刻进入工作状态。

与平安公司类似，才到云打造了一款名叫"才到云入职"的产品，通过"设定入职模板包""发起入职＆员工端""集中审批＆员工信息管理"流程，实现三步无接触入职，助力企业完成"无接触、超高效、易操作、极灵活"的入职管理流程。比较有特点的是，该产品把入职流程设计成游戏通关模式，一步步引导入职者领取"装备"（入职材料、各类系统账户和需要HR协助准备等事项）、开始"启程"（企业和企业文化介绍）和进入"寻宝"（了解政策指引、任务目标）等，通过全新的方式带给员工良好的入职体验。

## 字节跳动实现"薪酬方案一键生成"

2021年3月5日，字节跳动公开了一项新专利——"员工薪资方案生成方法及装置"。它可以支持企业在所提供的员工薪资方案模板的基础上，根据个性化的实际进行参数设定，从而自动生成员工薪资方案。在程序中，已接入市场薪酬大数据，可以将人员的工作经历与企业所处的行业、岗位进行智能匹配，从而给出合适的薪酬水平建议，使算法得出的薪资方案能够兼具合理性和市场竞争力。

## 开发"找事"小程序保障及时沟通

一直以来，沟通协作受制于组织网络中个人信息的完善与公开程度，"不是不想沟通，是不知道找谁沟通"。越是大型企业越是如此。

某企业为解决这一问题，在人力资源系统中对员工信息进行了优化设计。通过设置主要工作职责信息的方式，利用模糊搜索技术，让员工可以做到"以事查人"，并且可以通过联系信息进一步查找到同事的办公电话、微信号、

QQ 号、邮箱、办公地点、在岗状态、工作代理人、紧急联系人及联系电话等信息，从而达到"就算不认识，也能找到你"的目的，为员工之间的扩大化交流提供便利。

### ❷ 持续实时改善

除具体技术支撑外，也有企业构建了持续改善的机制。以丰田为例，"精益生产"已经从一个项目成为一项常态化工作。公司上下坚持推动精益改善 50 余年。为了确保"一干到底"，丰田设立了咨询小组、协丰会、学习团队等机制，开发了 TPM、SMED 等大量工具，又创新推动并举办闪电改善、5 日改善、迷你改善等活动，甚至从内部不同层级的参与者拓展到了各级供应商，为精益管理注入了源源不断的活力（如图 9-3 所示）。

| | | |
|---|---|---|
| • 全面生产维护TPM | • 快速切换SMED | • 看板设计 |
| • 5S或6S | • 连续流生产 | • 物料库存管理 |
| • 目视管理 | • U型单元 | • 布局设计 |
| • 标准作业 | • 多能工 | • 生产线平衡 |
| • 减少生产准备时间 | • 价值流管理VSM | • 浪费的识别 |
| • 防错 | • 自主团队活动 | • 价值流分析和设计 |
| • 5个"为什么" | • 改善提案活动 | • 持续改善循环 |
| • 就地质量控制<br>　通行证管理 | • 群策群力<br>• DMAIC五步法 | • 精益评估<br>• 精益实施路线图 |

**图 9-3　丰田精益模式持续创新的工具与机制**

Humu 是一家致力于推动实时行为改善的 HR 科技公司，它由前谷歌人力资源副总裁创办。Humu 的名称来源于"humanity"，寓意利用科技提升人性化管理。其核心产品是基于行为科学研究的"轻推"（Nudge）系统。该系统通过电子邮件、Slack 等渠道，使用语言、时间、社交影响等科学方法，精心开发规则、提示和建议，牵引员工建立良好的工作习惯。

### 以"轻推"系统推动变革落地

例如，当公司基于调查研究获得一些经验与方法，需要员工做出改变时，

Humu 能够为每个员工提供个性化的行为改变建议，并及时提醒他们。"轻推"系统实现了从洞察到行动的紧密结合。以往的工具一般只重视员工反馈和数据收集，但 Humu 重视驱动行为改变。系统包括 Ask、Sense、Dialogue、Cultivate 四个模块。随着 GPT 等 AIGC（生成式人工智能）新兴技术的出现，Humu 正在探索如何利用 AIGC 进行更智能的语义分析，从而为员工提供更加个性化的实时行为建议，帮助员工发挥最大潜能。

# 第 10 章
## 人才管理"加速器"

为了帮助读者更好地理解并应用本书提出的创新思维与方法，使管理创新不再神秘，本章将介绍人才管理创新七步法的三个应用实例，称为"三级加速器"（如图 10-1 所示）：

- 一级加速是**"优化人才标准"**，解决"选择正确的人，确保人才质量"的问题；
- 二级加速是**"激发人才活力"**，解决"实现人尽其才，激发人才潜力"的问题；
- 三级加速是**"保护人才效率"**，解决"提升工作成效，保护人才精力"的问题。

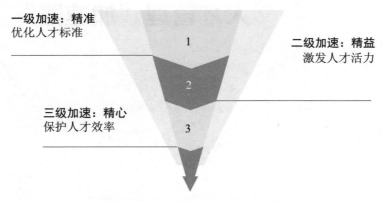

**图 10-1　人才管理三级"加速器"**

通过这三个案例，我们将实战演练从问题提出到模型构建，再到应用改善的完整创新路径，让读者对人才管理创新产生"会者不难"的驾驭感。此外，"标准""活力""效率"三个问题是当下人才管理领域的典型痛点问题，到底怎样选对人、促活力、提效率，经常让管理者无所适从。可以说，**人才竞争力 ＝ 标准 × 活力 × 效率**。而三个案例恰是回应这些问题的系统方案，可以直接为管理者提供启发式借鉴，以积极应对日益升级的人才管理挑战。

阅读本章你会收获：

● 如何实际运用人才管理创新七步法

● 如何提高人才密度，实现人才济济

## 10.1　一级加速：优化人才标准

我们越来越认同，培养人不如选对人。不管人才梯队怎样优化、培养体系如何健全、管理能力怎么提升，从源头入手引进符合组织战略目标、事业需要和工作文化的人才，才是最为重要的工作。

A 企业正是为了加速培养人才，才启动人才标准创新项目。HR 发现，加速培养的关键是"起点加速"。花大量精力去打造培训体系、导师制度和激励机制等，不如认真研究"我们到底需要什么样的员工"。

### ❶ "优秀"不是标准

近年来，A 企业发现，千挑万选的新员工在入职后存在"用不好""长不大""留不住"等问题。这些新员工依据名校出身、专业对口、成绩突出等通用标准被 HR 和用人部门层层筛选出来，足以称得上"优秀"，却在后续工作中无法发挥潜力，逐渐表现平平，同时衍生出工作中抱怨多、对薪酬不满意、团队合作难、离职倾向高等一系列消极问题。

HR 认为，问题出在"人才标准"上。搭建人才标准模型，更精准地找到本企业真正需要的人才，是解决多个人力资源管理难题的突破点，是当下最重要的工作。

在说清楚人才标准方面，我们应该重点研究两类人——有所成就的老员工和未来需要的新型员工。因此，HR 展开了系统研究。主要分析以下内容。

● 近 5 年入职的新员工现状。从上级、导师、同伴的角度来看，他们的表现怎么样？

- 人力资源部新员工入职管理工作情况。HR做了哪些工作，发挥预期作用了吗？
- 明星骨干员工，他们有哪些关键特征？哪些特征是不易培养的？

基于调查分析，HR梳理出12项相关因素（维度）。这些因素来源于相关理论、外部经验和员工反馈，对于识别人才信号、界定人才标准很有帮助。

- 基本信息：个人身份资料、教育背景、工作经验、专业技能等信息。
- 性格特征：员工的性格特点、价值观、人际交往能力等。
- 压力情况：员工在工作岗位所面临的压力源、适应状态和应对策略。
- 岗位特征：员工在具体岗位上的职责、技能要求和工作特点。
- 直接上级：直接上级领导风格、管理能力和与下属的互动方式。
- 团队特征：员工所在团队的合作氛围、沟通效果和团队文化。
- 管理措施：针对新员工的相关政策、培训计划和导师制的实施情况。
- 网络特征：员工在企业内外的关系网络，包括与同事、上级、合作伙伴以及行业内人士的联系与互动情况。
- 匹配情况：新员工是否与企业价值观和文化相契合，是否与岗位需求相匹配。
- 融入情况：新员工在企业中的融入程度和归属感，如对企业文化的认同感、交流互动情况以及与团队合作的积极性等。
- 工作态度：新员工对工作和组织的态度、对个人发展的意愿以及对公司业务的理解等方面。
- 行为表现：员工在工作中展示的能力、表现和业绩。

## ❷ 亮出三幅画像

围绕以上12个维度进行分解和数据分析，HR进一步发现，好员工是可以被预测的。我们可以基于数据生成三幅画像——绩优画像、"躺平"画像、高潜画像，帮助企业按图索骥，成功筛选出符合实际需要、具备成长潜力的新员工。在前期的招聘中，很多真正重要的因素都被忽略了。例如：自我驱动、领导思维、敢于表达、追求完善、文字功底强是"绩优者"的典型特征（如图 10-2 所示）；按部就班、避免犯错、不主动付出、疏远优秀员工是"躺平者"的典型特征（如图 10-3 所示）。

图 10-2　"绩优"画像　　　　　　图 10-3　"躺平"画像

　　具有战略潜质的人才有哪些特点？HR 识别出 5% 的高潜人才群体，他们天资聪颖、热爱挑战、广泛思考，并很有可能迅速成长（如表 10-1 所示）。了解这一群体的特征并尽快实施配套举措，对企业加速培养顶尖人才尤为重要。

表 10-1　高潜人才画像

| 特　征 | 行　为　表　现 |
| --- | --- |
| 崭露头角 | 8.3% 自评"在专业上有天赋"，他们"喜欢在需要高水平的能力和天赋的岗位上工作"，其中 70.5% 被领导评价具有较高的绩效表现，如"该员工不仅能优秀完成岗位工作要求，还能提出改进工作流程的建议"。 |
| 兴趣驱动 | 93.2% 表示自己选择该职业是出于"热爱"。其中一些员工表示"从事研发是我从小的梦想，想作为一份干一辈子的事业""家族为这一行业服务 60 年，我自小受到熏陶、热爱这份事业"。 |
| 涉猎广泛 | "读书"是普遍爱好。在高潜群体中，82.3% 提及自己的放松方式为读书。他们博采众长、涉猎广泛，有人拥有历史、政治、哲学、经济等跨学科爱好。 |
| 好奇驱动 | 47.8% 认为对每处细节保持好奇是他们完成工作并不断成长的关键。"专业知识只是基础，更重要的是要始终探索项目需要什么样的知识""主持研究项目期间，我一天都不会停止对它的思考""探究问题的突破点让我感到愉悦"。 |
| 系统思考 | 高潜群体中，78.3% 习惯于了解自己的工作在项目中的定位。具体包括："我试图了解部门过去开展的业务和现有的困难""我总是希望把握自己的工作在整体中的位置""我能够从领导的角度理解资源分配的决定"。 |
| 正视挫折 | 相较于其他群体，他们对挫折和失败持有更积极的态度。特别是"岗位并不是第一志愿""当领导分配给他们超出目前我能力范围的工作"时，84.5% 的高潜人才都会"感到跃跃欲试""不担心犯错"。 |

### ❸ 升级人才引育

在研究结论的基础上，A企业快速行动起来，在以下方面推动了管理改善。

- **首先，直接应用于当年的招聘方案。** 例如，将目标生源从有限的几所专业院校扩展到综合性院校，重视选拔全才；在原有的单一强调专业测试的基础上增加素质测评，将自驱、坚韧等作为重点关注品质；设置"天才计划"，重点吸引已在国际大赛上获奖、有创新成果的学生。

- **其次，拓展人才招聘的工作内涵。** 从招聘宣讲的点状工作，向前延伸到企业导师提前进入校园进行辅导开课，在校企互动中提前锁定优质人才；向后延伸到入职3个月、6个月甚至1年后的适岗引导。A企业在新升级的《新员工招聘手册》中重点明确了"一前一后"两类措施，制订并实施了企业导师制和一年期新员工入职引导计划。

- **第三，推动升级新员工管理环境。** 回顾以往，新员工管理呈现"开门红"，即开始时"热热闹闹"，很快就"冷冷清清"。究其原因，主要在于只有HR单方面的努力是不够的。用人部门、直接上级、导师和新员工本人都需要有所改变，才能提高新员工的融入度、工作贡献和企业认同感。因此，A企业聚焦三个问题进行重点突破：一是针对"95后"的员工特点，培训管理者转变管理风格，提升管理技能（见表10-2和图10-4）；二是制造更多的机会让新员工接触大咖，参与大事，创立大功，积累更多职业发展的积极能量；三是鼓励并支持新员工主动寻求名师和团队，积极完善知识结构，做勇于自荐、敢于"敲门"的进取之人，从自身发心发力，成长成才。

表 10-2　新员工管理者的 5S 模型

| 5S 角色 | 行　　为 |
|---|---|
| Support<br>胜任岗位的支持者 | 帮助设立短期目标、基于特长与偏好分配任务、安排承担相对重要的任务、在工作中给予特别指导、帮助学以致用、及时给予反馈、充分肯定价值与贡献。 |

续表

| 5S 角色 | 行　为 |
|---|---|
| Spur<br>快速融入的推动者 | 从沟通模式上做出改变以减少新员工获取信息的层级，提高信息在团队内部的传递效率；时刻关注团队其他成员的"隐藏"行为，避免团队内成员出于竞争心态而不愿意分享。 |
| Set<br>职业发展的规划者 | 一是提供充足的尝试机会，帮助新员工识别专长、规划基本方向；二是在时间和任务分配上为新员工提供学习获取新知识与新技能的支持性环境；三是帮助新员工了解晋升路径，并基于自身经验提供帮助。 |
| Stimulate<br>自主发展的赋能者 | 帮助新员工全方面地认识自我，提供一段自由支配的时间，让他们有机会把握内心的目标和意义感；同时，注意在制度上做减法，文化上做加法，塑造和谐、高互动的团队微观环境，让团队内部更"合拍"。 |
| Strive<br>平等互动的实践者 | 一是提供真实全面的工作期望和团队互动模式的介绍，调整新员工的心理预期，减少由于未达预期而造成的离职；二是在决策时认真倾听新员工意见；三是不要回避冲突，围绕任务的适度冲突能够帮助新员工更好地理解任务本身，在冲突中形成对任务的合力；四是鼓励以"翻转课堂""逆向导师制"等形式作为互动模式，让年轻员工自己规划学习内容，甚至教授直接上级一些新的技术和知识。 |

**图 10-4　新人管理者画像**

● **最后，持续研究顶尖人才的成长规律。** HR选择了8位不同年龄段的拔尖人才，组建研究小组，长期、定期对他们进行跟踪研究，挖掘人才特征，把握动态需求，为持续优化人才引育工作打好基础，打造人才驱动战略的源头活水。

## 10.2　二级加速：激发人才活力

在选择正确的人才后，使其富有活力地投入工作却不容易。B 企业就面临这一困惑：为什么人才总是有所保留，冲劲不足？

研究表明，优秀的人才更容易产生退缩的心理，因此需要组织和管理者提供更多的信任、更及时的帮助和更有力的支持。人才的黄金成长期一般在 25 ～ 45 岁。在这一周期内，只有形成持续性刺激的链式机制，才能有效地激发活力、保持活力，让有才华的人始终不会掉队。

### ❶ 构建活力模型

"活力"这个词总给人说不清、道不明的感觉。要激发活力，首先要明确什么是活力，以及如何区分活力的高低？ B 企业面向青年科技人才展开了系统研究。

首先，项目团队针对以下问题进行深度访谈（如表 10-3 所示）：

表 10-3　访谈提纲（部分）

| 问题 | 行　　　为 |
| --- | --- |
| 1 | 您平时工作状态是什么样的？如果为自己的活力打分，您会如何评价（1 ～ 10 分）？<br>（引导问题：工作内容涉及哪些？对待困难任务的态度？对待创新任务的态度？对组织和领导的评价和态度？） |
| 2 | 您认为您自己 / 身边熟悉的同事如果具备较高的活力，会有什么样的行为表现？<br>（引导问题：如何对待日常工作任务？对待创新工作？对待角色外要求？） |
| 3 | 当您和所在团队从事创新型工作任务时，是否会面临失败或无法达到预期的情况？<br>（在不涉密的情况下）能否描述当时的具体情况？<br>（引导问题：是什么样的失败？从哪些维度评价失败的程度？团队如何看待失败？团队如何处理失败？您的上级如何看待失败？） |
| 4 | 您和所在团队是否存在整体或部分成员工作积极性不高的情况？具体表现为何？您认为为什么会出现这种情况？<br>（延伸问题：当部分成员积极性不高时，是会受到抵制，还是会带动其他人？） |
| 5 | 您和所在团队在近两年内是否出现离职的情况？您认为员工离职的原因是什么？ |

续表

| 问题 | 行　为 |
| --- | --- |
| 6 | 对于您个人的活力状态而言，您认为有哪几方面因素影响您的活力？<br>[引导问题：组织方面（就您所在的单位，在以上几方面有没有一些代表性做法，让您认为激发了或阻碍了您的活力？）、团队方面（就您所在的团队，对团队领导者会有什么影响？同事的主动性是否会有带动作用？）、社会网络方面（您认为您在本公司范围内的组织关系网中处在什么位置？这是否会影响您的活力？）、个人方面（个人特征、认知 / 情绪 / 动机？] |

项目团队经访谈发现：本企业的人才活力有 10 级"阶梯"（如图 10-5 所示），每一位员工在某一阶段的活力状态都可以在其中找到相应的位置。

**图 10-5　人才活力分级模型**

## ❷ 绘制活力地图

在明确人才活力的内涵之后，项目团队着力梳理影响活力的各类因素。从公司、网络、团队和个人层面来看，都存在着"活力因子"。

- 公司层面：例如，高绩效导向的工作系统，即鼓励员工追求高绩效表现的制度和政策；工作岗位的安排，即保证员工有机会发挥才能并感到满意的工作岗位安排；公司的氛围，包括组织文化、工作环境等因素。

- 组织网络层面：例如，横向沟通协作是在团队或组织内部与同事之间的交流与合作；纵向上传下达是与上下级间的沟通与指导关系。这些网络关系的质量和频繁程度对于人才活力起到重要作用。

- 团队及领导层面：例如，团队的任务情况，即团队所面临的工作挑战和目标；团队成员的构成，包括成员之间的互补性和多样性；团队协作过程，即团队成员之间的合作方式和互动方式；直接上级领导的角色和领导风格；团队成员和同事的活力状态，即他们的积极性和动力水平。团队的绩效表现也是这个层面的考量因素。

- 人才自身层面：例如，能力技能情况，性格特征情况；认知类因素，即个人的感知、理解和思考方式；动机类因素，即个人的动机和目标；情绪类因素，包括个人情绪状态和情绪管理能力；绩效表现和行为表现。

在外部专家的支持下，项目团队将这些"活力因子"进行理论扩充与结构化梳理，形成了人才活力影响因素模型（见图10-6）。

| 公司层面 | | | | | | | | 组织网络分析 |
|---|---|---|---|---|---|---|---|---|
| 工作系统 | | 工作岗位安排 | | 公司氛围情况 | | | | 横向沟通协作 |
| 高绩效导向 | 平衡导向 | 自主 | 重要 | 公平 | 建言 | 创新 | 道德 | 纵向上传下达 |

| 团队及领导层面 | | | | | | | | | | |
|---|---|---|---|---|---|---|---|---|---|---|
| 团队任务情况 | | 团队成员构成 | | 团队协作过程 | | 直接上级领导 | | 同事活力状态 | | 团队绩效表现 |
| 范围 | 难易 | 专业 | 职能 | 沟通 | 冲突 | 服务 | 授权 | 意愿 | 行为 | 任务 | 创新 |
| 互依 | 压力 | 性别 | 年龄 | 信任 | 凝聚 | 谦卑 | 道德 | 关系 | 归因 | 建言 | 公民 |

| 人才个人层面 | | | | | | |
|---|---|---|---|---|---|---|
| 基本人才盘点 | 能力技能情况 | 认知类因素 | 动机类因素 | 情绪类因素 | 人才绩效表现 |
| 性别　年龄 | 奖项　科研 | 工作类：匹配…… | 内在动机 | 积极情绪 | 任务　创新 |
| 学历　专业 | 绩效　证书 | 意义感：挫折…… | 外在动机 | 消极情绪 | 人才行为表现 |
| 任期　职称 | 性格特征情况 | 人际类：网络、互动…… | 亲社会动机 | 正向道德情绪 | 承诺　认同 |
| 岗位　型号 | 主动　上进 | 平衡相关：剥夺、家庭…… | 职业使命召唤 | 负向道德情绪 | 亲组织行为 |
| 行政　类型 | 正直　韧性 | | 职业成长认同 | 职业压力倦怠 | 偏离行为 |

图 10-6　人才活力影响因素模型

## ❸ 聚焦活力举措

在人才活力分级与影响因素模型的研究基础上，项目团队随后开展数据调查。在3个时点（各间隔2个月）调查2500余名科技人才，以捕捉真实有效的影响因素。为了提高工作效率，项目团队做出以下特殊安排。

- **建模与评估同步**。即在构建活力模型的同时，识别出当前高或低活力的人才名单，使研究成果尽快地推动管理改进。

- **引入专业技术支持**。本次研究共收集491项因素（数据项），亟须借助数据技术进行有效"瘦身"，使活力评估在未来具有可操作性。此外，为使评估结果可信，且能够代表企业的人才实际，需要采用更高精度的分析方法。在专家建议下，本研究选用机器学习随机森林分析法[①]。这一方法在降低数据需求、提高预测力方面具有优势。

经过分析，仅采用 40 个因子对 B 企业科技人才活力进行预测，就可以达到理想的效度（85.33%）。这使活力评价变得轻量化、直观化，解决了大家认为的"方方面面都会影响人才活力"的一般困惑（如图 10-7 所示）。

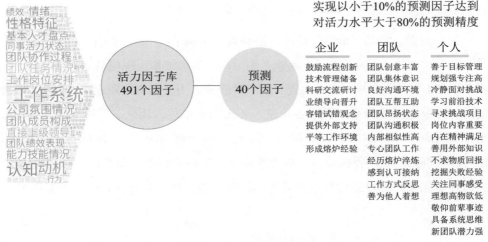

实现以小于10%的预测因子达到对活力水平大于80%的预测精度

| 企业 | 团队 | 个人 |
|---|---|---|
| 鼓励流程创新 | 团队创意丰富 | 善于目标管理 |
| 技术管理储备 | 团队集体意识 | 规划强专注高 |
| 科研交流研讨 | 良好沟通环境 | 冷静面对挑战 |
| 业绩导向晋升 | 团队互帮互助 | 学习前沿技术 |
| 容错试错观念 | 团队昂扬状态 | 寻求挑战项目 |
| 提供外部支持 | 团队沟通积极 | 岗位内容重要 |
| 平等工作环境 | 内部相似性高 | 内在精神满足 |
| 形成熔炉经验 | 专心团队工作 | 善用外部知识 |
| | 经历熔炉淬炼 | 不求物质回报 |
| | 感到认可接纳 | 挖掘失败经验 |
| | 工作方式反思 | 关注同事感受 |
| | 善为他人着想 | 理想高物欲低 |
| | | 敬仰前辈事迹 |
| | | 具备系统思维 |
| | | 新团队潜力强 |

活力因子库 491个因子

预测 40个因子

**图 10-7　人才活力模型结论**

接下来，项目团队如何将活力模型投入实践呢？

**一方面，实施全面盘点，支持自我定位。** 由于活力模型简化了人才活力的行为定义，员工可以在 3 分钟内完成测量（在此之前，至少需要 30 分钟）。团队认为，激发人才活力的第一步，就是让人才了解自身目前所处的活力水平。为方便个人、团队和管理者随时查询、获取青年科技人才的活力情况，项目团

---

① 采用有监督的机器学习随机森林方法，将样本分为训练集（80%）和测试集（20%）；用训练集构建模型，预测青年科技人才的活力和离职水平；以测试集评估所构建出的模型的泛化误差是否足够小，并从中提取关键预测因素和因子载荷。

队开发了"e活"查询程序（如图10-8所示），提升面向员工的服务——增强自我认知、对照活力标准，同时提供管理决策依据——谁有活力、谁缺乏活力、谁有活力但没有被发现[①]。

**青年科技人才**

李华您好！

您于2021年9月加入公司，至今已经有365个日夜。

您在2022年度调查中的活力得分是6.23分（满分7分）。

您的活力水平位于本单位的第27，属于前19.23%；位于整个集团的第352，属于前23.14%。综合整体情况，您属于8级人才。经过常模分析，处于您当前状态的员工更容易受错试错环境、挑战学习机会、项目机会平等等因素影响。如希望进一步发展，应当重视精神世界培养、重视挫折价值、重视与上级沟通。

**科技人才团队**

张三处长您好！

您团队的活力水平位于本单位的第14位，属于前52%，您团队的活力水平位于整个集团的第123位，属于前51.3%。

**单位/部门**

您单位的活力水平在整个集团23家参与调研的单位中排名第7位，位于您前面的单位是：A、B、C。他们各自的青年科技人才实践有：青年科技人才创新项目奖励支持、青年总师计划、青年人才成长奖等。请予以借鉴。

**图 10-8 "e活"查询内容示意**

**另一方面，启动"低活"监控，治理人才"躺平"。** 研究表明，入职的第2年是预防躺平的"最佳干预期"；入职2年后，各类岗位都出现明显的活力下降，入职7年左右，则发生明显分化。基于此，B企业人力资源部定期跟踪"低活"群体情况，并发布工作指南，要求各单位、各部门从单位、团队、管理者和个体层次出发，围绕40项人才激活重点举措（即上述40个活力因子），针对不同群体的具体问题（例如，是获得机会少，成长通道窄，还是生活压力大？），从而制定有效的措施与保障，并且通过打造有活力的管理环境，建设更有活力的人才队伍。

# 10.3 三级加速：保护人才效率

管理大师彼得·德鲁克曾指出，人才的成效往往不在于投入时间的长短，而在于投入时间的有效性，即对有限时间的最大化利用。但在实际工作环境中，人才普遍存在工作时间碎片化、自主支配时间短、单位时间产出少、被非关键工作占用、工作职责界定不清、沟通协调冗余等问题。再有能力、有活力的人

---

[①] 研究发现，5.13%的人正处于"活力盲区"。"活力盲区"指在活力评价中位于前30%，但上级领导却给他们打出后30%的绩效评价。

才，也会在提升工作效率、增加有效的工作产出上感到力不从心。因此，高效利用时间、聚焦关键工作，是当前提高人才创新力及扩大生产力的核心议题。

为此，C 企业启动人才效率提升项目，希望发现并实施提升工作效率的有效措施。

## ❶ 分解工作效率

与"活力"相似，提及"工作效率"，大家都会认为其受到多个因素的综合影响。因此，项目团队首先要解决的是研究思路的问题——我们到底该怎样研究工作效率？

- 分解概念。基于理论研究与专家研讨，项目团队认为本企业的工作效率应重点关注时间和工作两个角度，而不是着眼于企业流程、IT支持或个人能力等方面。时间维度能保证人才正确地利用时间，而工作维度能推动人才将时间用于正确的事情，两者构成人才工作效率的"双支柱"（如图10.9所示）。

**图 10-9  工作效率的分析框架**

- 逆向思维。如果正向评价工作效率，我们通常需要计算工作时长和工作产出，但这会产生考勤时间偏差、有效工时难以统计和工作产出不易衡量等问题。相反，如果放弃"客观效率"的测量与分析，聚焦"主观效率"的评价与改善，就能迅速地打开思路和方法。一方面，以效率损失为切入点，能有效推动员工主动提报管理问题；另一方面，补充工作返工、汇报等待、任务切换等以往忽视的因素，可以解释"一天忙到晚，但并不出活"等常见现象，有利于增强对员工专注度的保护，促进工作聚焦、延长无打扰工时、增加自由时空等举措的实施。因此，从主观角度研究效率的浪费，是提升效率的最佳研究思路（如图10-10所示）。

**成效维度**

**时间利用程度**
- 时间保障：可支配时间、空闲时间、休息、干扰频率、会议时长
- 时间效率：拖延、走神、加班、专注度、时间压力、工作速度
- 时间体验：心流、时间快慢感知、正念、时间自主性

**工作聚焦程度**
- 职责清晰度：角色清晰度、核心工作界定、角色冲突、任务责任界定
- 目标明确度：目标具体度、目标难度、激励预期、自我效能感、目标反馈
- 工作量合理度：工作宽幅、认知负荷、工作压力、工作控制、工作量分布差异

**工作态度**
- 工作满意度：工作匹配度、组织忠诚度、组织认同度、留任意愿
- 工作敬业度

**工作行为**
- 任务绩效：角色绩效、建言行为、协作绩效、学习行为、主动性行为
- 创新绩效

**时间维度**

直接上级
- 时间期望：结果导向、过程导向、设置截止时间、建立时间预期、安排工作顺序、协调时间同步、督促工作进度、认可工作效率、目标指令清晰、提供及时反馈
- 时间领导力

团队特征
- 成员多样性：时间偏好差异、时间管理能力差异
- 任务同步性：目标进度夹角度、内外部协作关系

组织实践
- 效率支持：制度化、流程化、流程精简度、知识平台共享度、目标进度透明度、结果导向、过程导向、时间紧迫感
- 时间氛围

个人层面
- 时间偏好：黄金工作时段、工作时长、工作节奏、协调同步意愿、时间灵活性、结构性、多线程工作
- 时间管理能力：时间意识、专注力、干扰适应力、完美主义、拖延习惯
- 时间管理技巧：目标制定、日程计划、任务切换、时间期限、任务切割
- 工作动机：内在动机、外在动机、学习导向、绩效导向

工作特征
- 时间工作特征：周期性、灵活性、结构性、同步性、可预测度

**工作维度**

组织实践
- 战略传递：组织战略目标明确度、传达清晰度、个人战略目标链接度
- 流程架构：管理幅度、部门及岗位职能清晰度、流程复杂度、协作分工明确度
- 工作氛围：形式主义、绩效导向、人才导向

直接上级
- 领导能力：目标设置、工作优先级设置、沟通有效性、决策反应度、工作量分配合理度、分工明确度、授权
- 领导支持：资源分配、及时反馈
- 领导关系：关系强度、关系差异

个人层面
- 基本特征：管理层级、工作年限、工作经验、工作绩效、团队关系、教育水平、性别
- 目标管理能力：目标制定、目标分解、目标承诺
- 社交网络关系：社交网络规模、中心度、链接强度、冗余度

工作特征
- 一般工作特征：复杂度、多样性、完整性、重要性、自由度、协作性

团队特征
- 团队组成：团队规模、团队关系、工作互依度、团队成员绩效、能力、经验多样性

图 10-10　工作效率的研究框架

### ❷ 绘制效率漏斗

带着对效率研究的基本认知，项目团队开始进行深度访谈。

首先，选取合适的访谈对象（如表 10-4 所示），确保访谈结果准确反映真实情况并与模型建构相契合，同时收集大家对提升工作效率的看法。此时，应注意不能只选取高效员工。

表 10-4　访谈对象选取标准

| 标　　准 | 要　　求 |
|---|---|
| 1 | 过去一年内获得个人或团队工作表现或创新能力等表彰 |
| 2 | 是内部公认的优秀／明星员工，或公认的低效典型员工 |
| 3 | 过去一年内加班次数或时长最多或最少 |
| 4 | 过去一年内参与会议数量最多 |
| 5 | 过去一年内参与项目数量最多 |
| 6 | 过去一年内行政职务层级最高、行政工作负担最重 |
| 7 | 过去一年内绩效评价上升或下降幅度最高 |

然后，围绕以下问题，对员工、管理者和人力资源部门负责人进行访谈，访谈提纲见表 10-5。

表 10-5　访谈提纲（部分）

| 角　　色 | 问　　题 |
|---|---|
| 员工 | 简要描述您的工作时间规划和安排？（例如，如何分配个人工作时间；会议沟通、自主工作时间占比；关键工作时间占比；事务性工作与创新型工作时间占比；忙闲时间变化；加班情况等）<br>如何评价您目前的工作效率？公司现阶段有哪些举措有助于您进行时间管理？在提高个人工作效率方面，您有什么意见和建议？ |
| 管理者 | 您如何评价个人工作效率（如时间有效利用、关键工作进度），您认为哪些因素制约了工作效率的提升？<br>您如何评价公司目前的协作效率，哪些因素制约了协作效率提升？ |
| HRD | 请简要描述一般性工作日程安排的特点（如会议沟通、工作习惯等）。<br>如何评价总体工作效率，有哪些制约因素？<br>如何评价公司目前的协作效率，有哪些制约因素？ |

最后，基于访谈内容，提取 11 项效率损耗（见表 10-6），进一步加深对提升效率的操作性认识。

表 10-6　11 项效率损耗

| 序 号 | 效率损耗 | 访谈摘要 |
|---|---|---|
| 1 | 不重要 | 浪费大量时间在不重要的事情上，把汇报材料做得很漂亮、来回汇报。 |
| 2 | 不必要 | 经常让纯科研人员做汇报材料、接待领导和对接财务等行政工作。 |
| 3 | 不想做 | 项目进度周期要求太高，个人很想阅读一些国外有价值的前沿材料，思考创新性的东西，但没有时间做。 |
| 4 | 临时性 | 临时性工作比较多，工作计划性不强，经常是领导突然的一句话就要放下手头事情马上开展新工作。 |
| 5 | 紧急性 | 紧急问题特别多，我像问题处理器，永远只能做最紧急的事情。 |
| 6 | 不自主 | 领导和各个层级的人应该注意提前计划和减少对计划的更改，让大家有一定自由度把握轻重缓急，做个人时间规划。 |
| 7 | 不独立 | 没办法独自安安静静地做事情、思考问题，经常要加班才能专注做事。 |
| 8 | 需等待 | 工作前期准备不充分，去了现场再准备，其他 30 多人要等 1 ～ 2 个人解决完问题才能继续工作。 |
| 9 | 需询问 | 上报材料经常没有现成的，要不停地去询问搜集。 |
| 10 | 会议多 | 会议很多，有些会议信息增量很少，参会范围可以缩小，有些成员是陪会的。 |
| 11 | 打扰多 | 技术员要经常画图，在思考、调整好相关参数后，接个电话或者开个短会，回来后要半个小时才能再进入状态。 |

### ❸ 调查效率现状

综合利用多种测量工具，项目团队形成了共 26 个题项的调查问卷，全面盘点 C 企业目前的工作效率现状。具体问题示例见表 10-7。

**表 10-7　调查问卷示例**

| 题　干 | 选　项 |
|---|---|
| 您今日累计投入时长排行第一的工作的类型为_____ | |
| 您投入这项工作的累计时长为_____ | |
| 请评价这项工作 | 这项工作是临时安排的<br>这项工作是紧急的<br>这项工作是重要的<br>这项工作由我完成 / 参与是必要的<br>我愿意在这项工作上投入更多时间<br>我今天可以独立完成这项工作，不需要他人配合<br>这项工作的时间是由我自主安排的<br>这项工作要求我今天经常询问或求助其他人<br>这项工作的推进需要我今天等待不确定的时间和工作安排 |
| 请评价您的表现 | 在这项工作上，我感觉我的专注度为_____（用 0 ～ 100 的数字表示）<br>在这项工作上，我感觉我的工作效率是最佳状态的_____（用百分比表示） |

来自不同单位 / 部门的 900 余名员工参与本次调查，全面反馈了个人及所在团队的工作状态、效率体验以及提效建议。经过调查分析，得出以下结论。

- **存在"半个人"现象，平均工作效率仅为50%**。例如，每日沟通协调、工作汇报、项目例会效率最低，近50%的时间浪费在低价值工作中，需求变化造成返工、等待决策、填写大量报表、工作切换、PPT材料内卷、培训会议信息量不足等情况普遍存在。非必要工作耗时约30%，主要包括评审会、技术讨论会、项目例会、学习培训、任务分配、编写材料、审批文件等。从工作动态上看，周六效率最高、周一最低、周一至周五呈递增趋势，有一半工作日的高效工作时长低于当日总工时的50%。

- **存在"创新难"现象，严重缺少创新的时间保障**。高绩效人员的非必要工作、非自驱工作比例更高（越优秀越被动），要跟着项目和需求走，过半人员的自主支配时长低于50%。创新时间有限，没有时间看技术前沿的研究材料，缺乏安静、深度思考的时空条件，有创新欲望但没精力投入，很多员工反馈只有加班时间才可能进行创新性思考。

● **存在"赶火车"现象，高效会议管理亟待落地。**较高职级人员会议占用时间达每日70%、每周40%。会议间甚至缺少间隔，造成与会者疲于应对。人均每日会议占用时间约20%，周四、五会议时间更多，中高层级参会时间更长，临时性会议占比15%。学习培训会、技术讨论会、评审会和项目例会效率较低，部分会议效率低于50%，浪费很多时间在讨论细节问题。

● **存在"不专注"现象，专注度普遍低于80%。**日均存在约10次打扰，中间层级受打扰最多，高层级发出打扰最多，办公室形成交叉干扰（例如电话、工位交流等）。临时工作约占30%，主要包括临时安排的沟通协调、技术讨论会、学习培训、编写材料等。

## ❹ 落地提效计划

对照上述现象与问题，项目团队形成 7 个方面、20 条工作建议（见表 10-8），支持各单位、各部门、各团队细化举措、加快落实，积极打造促进人才工作效率提升的管理环境和行动闭环。

**表 10-8 减负提效的 20 项行动建议**

| 方 面 | 具 体 建 议 |
|---|---|
| 大力推动会议精简高效 | 1. 推动高效会议。深入推进分层例会，减少陪会、重复参会的情况，借鉴亚马逊高效会议等外部经验，探索分时段参会、"一小时会议"、站立式会议等具体措施，开发高效会议手册、会议组织者工作指南。<br>2. 推动精简会议。识别非必要、非重要会议，推行会议融合，按"邮件—电话—小范围讨论"顺序倡导非必要不开会；精简参会人员范围，区分必要参会者和选择参会者；探索固定会议日、无会日等会议安排，引导非紧急会议通知"N+3"（提前 3 日通知），量化约束日均会议上限。<br>3. 实施分类举措。针对不同会议类型的"低效瓶颈"实施针对性提效举措。例如，加强培训类会议的内容设计与需求匹配，增加新员工统一必备技能培训，减少针对性不强、脱离实践、同质化的非必要培训；根据团队特点，采取更加灵活的培训形式。 |

续表

| 方　面 | 具　体　建　议 |
| --- | --- |
| 优化临时紧急工作安排 | 4. 减少"救火"队员。分析非必要的临时、紧急工作的产生原因，提出针对性解决措施。<br>5. 合理安排节点。引导各级管理者做出合理工作安排，避免形成"晚下达、提前收""随时间、马上办"的管理习惯，为团队成员留足自主余量。<br>6. 广泛达成共识。推动任务计划在管理双方间、协作同事间可视化、信息化，增进进度了解与共识。 |
| 持续缩减非必要工作 | 7. 提高工作自驱力。分析查找各类工作事项中存在的非必要、非意愿工作及原因，并提出优化对策。<br>8. 倡导精简汇报。形成工作汇报简化规范，减少汇报材料的内卷式准备、多头准备和重复报送，实现"一表多用""一表多能"。<br>9. 剥离低价值工作。开展人才座谈会，梳理低价值工作清单，探索丰富化、扩大化等工作设计方案，有条件的单位可实施事务性工作外包。 |
| 积极控制工作打扰 | 10. 提高信息质量。提升岗位信息资源标准化程度，形成信息共享清单或服务站，减少低层次、重复性询问与打断。<br>11. 设置"飞行模式"。允许设置并公开个人无打扰时段，建立不在他人无打扰时段沟通非紧急工作的共识，引导全员约束"随便聊聊"等习惯性打扰行为。<br>12. 优化办公环境。基于岗位特点和沟通需要匹配办公场所，积极打造高舒适度、高专注度的工作环境，明确开放式办公区的适宜人数上限；设置办公场所的静音时段或开辟静音工作室，避免频繁干扰。<br>13. 倡导集中沟通。引导非紧急事项集中时段沟通或转换方式（例如发邮件、写便签）进行沟通，方便他人集中响应。 |
| 探索设置自由时空 | 14. 促进自由自主。深入了解人才对自由、自主安排工作时间、地点的期望与建议，积极保障人才在更多自由自主的工作时间内开展创新。<br>15. 挖潜高效时段。例如，充分利用高效的周六加班或工作日清晨时间，适当调整相对低效的周三下午的工作安排。 |
| 推广个人高效工作法 | 16. 减少无效加班。明确高效工作的行为导向，反对"效率不够加班来凑"的理念。<br>17. 总结高效经验。具体研究高效工作日模式，深入访谈或实地观察高效人员，开发并推广高效工作法；推动员工强健身心，以精力保障效率。 |
| 全面完善配套机制 | 18. 增强工作自主。有条件的单位可推行助理制度，为领军人才和创新团队、重大项目负责人在日常事务等方面提供服务。<br>19. 消除后顾之忧。积极提供子女入学、家属就医、住房补贴等生活保障，增进员工家庭的理解与支持。<br>20. 实施组织保障。收集人才对效率提升的组织需求，从流程、制度入手积极保障并持续改进。 |

在项目团队的积极推动下，各单位、各部门、各团队结合自身实际展开了具体行动，聚焦理念宣贯、精简会议、控制打扰等角度，形成了覆盖 7 个方向、20 项行动的 52 项提效举措，积累了丰富的方法、制度、案例和工具。

- **某单位推行会议"减半"**。要求内部会议压缩到30分钟内，取消早/晚班会改为工作日写实和周报汇总，宣贯类团队周例会改为邮件学习，跨专业会议原则上仅派1名同事全程参会（其余同事电话通知按需参与）。通过这些措施，各团队例会频次由0.78次/周下降到0.61次/周，人均会议时长占比也从25%降低到14.8%。

- **某单位改善办公体验**。优化新办公大楼各部门的楼层及分布，解决技术部门两地办公问题，办公室由原来80～150人/间的大办公室调整为36～48人/间的小办公室，解决了人员密集、交叉打扰的问题；会议室从10个增加到47个；并配置人体工程学办公椅，办公椅可放平用于午间休息。

- **某部门实施会议统合**。挖潜高效工作时段，倡导利用相对低效的周四、周五集中安排会议，高效的周一、周二不安排或少安排会议；统筹党、政、工、团各类会议进行集中安排，减少碎片化会议，节约召集和等待的时间。每周参加5次以上会议的人员占比从43.96%降低到30%以下。

- **某部门自研高效工具**。根据项目需要，开发25个自动化及辅助工具（覆盖文档生成、文件归档、配置项入库、数据对比、脚本编制辅助、自动下载等领域）来完成重复性工作，大幅提升任务自动化程度；定义30项项目数据，开发自动获取数据的周监控报告，抓取分析日常工作量、进度、科研时间占比等各类数据，把握工作的安排合理性和员工投入度，实现自动化考核，为管理决策提供量化依据。

- **某团队实现工作显形**。推行敏捷文化，开发电子看板，在办公区域大屏上同步显示团队工作计划、进度及交付成果，以前需要开会传达的事项现在可以通过信息化显示，增进进度了解，避免信息不对称，减少大量询问；推广任务管理信息化平台，显形短、中、长期任务工作，便于员工直观查询工作计划，合理安排工作节点，插入临时紧急性任务的比率从15%下降到5%。

对于企业来说，配齐人才管理"三级加速器"是非常关键的人才管理创新举措。如果能够让招的人都是真正需要的人，需要的人都充满活力，有活力的人富有效率，就能够真正实现人尽其才、人才济济，打造出人才繁荣的管理佳境。在实例中，企业还可以在"三级加速器"的基础上计算人才质量指数（也称人才密度），估算出人才当量（如人才当量为60%，即1万人的用工总量，实际上相当于6000人在工作，存在着高达40%的人才浪费）。提高人才当量、消除人才浪费应该就是管理创新的动力所在，从70%到100%，甚至达到120%，锚定这一目标，相信我们一定可以大有所为。

# 主要参考文献

[1] 王永贵著. 管理研究方法：理论、前沿与操作 [M]. 北京：中国人民大学出版社，2023.04.

[2] [英] 迈克尔·莫尔，[英] 朱利安·伯金肖. 管理创新的跃迁 [M]. 祝惠娇，译. 北京：机械工业出版社，2022.07.

[3] 陈春花，徐少春，朱丽，等. 数字化加速度：工作方式、人力资源、财务的管理创新 [M]. 北京：机械工业出版社，2021.06.

[4] 张建同，胡一竑，段永瑞. 管理决策方法 [M]. 北京：清华大学出版社，2021.05.

[5] 韩连胜. 一流管理创新：走向世界的企业管理体系 [M]. 天津：南开大学出版社，2021.04.

[6] 姚威，胡顺顺，储昭卫，等. 管理创新手册：管理问题的系统化解决方案 [M]. 杭州：浙江大学出版社，2020.08.

[7] 李亮，刘洋，冯永春. 管理案例研究：方法与应用 [M]. 北京：北京大学出版社，2020.09.

[8] 刘浩洋，户将，李勇锋，等. 最优化：建模、算法与理论 [M]. 北京：高等教育出版社，2020.

[9] 于晓宇，赵红丹，范丽先. 管理研究设计与方法 [M]. 北京：机械工业出版社，2019.09.

[10] [美] 杰弗里·A. 迈尔斯著. 管理与组织研究必读的 40 个理论 [M]. 徐世勇，李超平等，译. 北京：北京大学出版社，2019.

[11] 徐世勇，李超平. 管理与组织研究必备的理论书 [M]. 北京：北京大学出版社，2021.01.

[12] [美] 奈杰尔·古恩诺，[美] 乔纳森·费拉尔，[美] 谢丽·芬泽. 人力资源管理创新丛书. HR 的分析力：人力资源数据分析实践指南 [M]. 王军宏，译. 北京：人民邮电出版社，2019.10.

[13] [美] 雅克·菲茨恩兹，[美] 约翰·R. 马托克斯二世. 人力资源与大数据分析——新时代 HR 必备的分析能力 [M]. 赵磊，任艺，译. 北京：人民邮电出版社，2018.05.

[14] 陈晓萍，沈伟. 组织与管理研究的实证方法（第三版）[M]. 北京：北京大学出版社，2018.07.

[15] [美] 吉恩·皮斯. HR 的大数据思维 用大数据优化人力成本 [M]. 赵磊，任艺，译. 北京：人民邮电出版社，2018.03.

[16] 董晶，王菲菲，陈肖肖. 组织沟通中的影响力与边缘化——基于网络中心度的员工角色识别与分析 [J]. 现代管理科学，2018（5）：33-35.

[17] [美] 韦斯·麦金尼. 利用 Python 进行数据分析（第 2 版）[M]. 徐敬一，译. 北京：机械工业出版社，2018.07.

[18] 张健．管理决策模型与应用（第 2 版）[M]．北京：机械工业出版社，2017.02.

[19] 陈劲，郑刚．创新管理 [M]．北京：北京大学出版社，2016.

[20] [ 美 ] 比尔·康纳狄，[ 美 ] 拉姆·查兰．人才管理大师 [M]．刘勇军，朱洁，译．北京：机械工业出版社，2016.08.

[21] 李超平，王桢，毛凯贤．管理研究量表手册 [M]．北京：中国人民大学出版社，2016.07.

[22] [ 美 ] 布莱恩·贝克尔，[ 美 ] 马克·休斯里德，[ 美 ] 理查德·贝蒂．重新定义人才 [M]．曾佳，康至军，译．杭州：浙江人民出版社，2016.03.

[23] 芮廷先．管理决策分析 [M]．北京：清华大学出版社，2016.03.

[24] [ 美 ] 罗伯特·迪尔茨．归属感 [M]．庞洋，译．长春：北方妇女儿童出版社，2015.08.

[25] 温素彬主编．管理会计：基于 Excel 的决策建模 [M]．北京：电子工业出版社，2015.11.

[26] [ 美 ] 丹尼尔·A．雷恩，[ 美 ] 阿瑟·G．贝德安．管理思想史（第六版）[M]．孙健敏，李原，译．北京：中国人民大学出版社，2014.02.

[27] [ 美 ] 保罗·海恩，[ 美 ] 彼得·勃特克，[ 美 ] 大卫·普雷契特科．经济学的思维方式（修订第 12 版）[M]．上海：世界图书上海出版公司，2012.03.

[28] 丁以中．管理科学：运用 Spreadsheet 建模和求解（第 2 版）[M]．北京：清华大学出版社，2013.03.